Über dieses Buch

Edelsteine und Kristalle sind gespeicherte Lichtenergie. Sie regen die Heil-kräfte des Menschen an. Dies geschieht auf der Grundlage von Resonanz, Harmonie und Schwingungen. Edelsteine können Gedanken filtern oder ver-stärken. Und Edelsteine wirken auf die spirituelle Struktur, auf die gesamte Verfassung unseres Wesens.

Die 33 wichtigsten Edelsteine und drei Edelmetalle werden von zwei Meiste-rinnen ihres Fachs in diesem Buch in ihren Anwendungen und Bedeutungen vorgestellt.

Über die Autorinnen

Ingrid Kraaz von Rohr ist eine erfahrene Heilpraktikerin mit den Schwer-punkten Licht und Farbe sowie klassische Homöopathie. Ihr besonderes Interesse gilt den Eigenschaften der Farben und ihrer Anwendung in der Heilkunde.

Seit mehr als 25 Jahren führt sie ihre eigene Praxis südlich von München. Vor vielen Jahren entwickelte sie den berühmten »Heilblüten-Farbkarten-Test« und mehrere Farbkartentests bzw. Farborakel.

Ihr Wissen vermittelt sie auch in Workshops, als Referentin auf internatio-nalen Kongressen und als Beraterin für Farbgestaltung in Wirtschaft und Industrie. Ihr Motto lautet: Mehr Licht hilft!

Informationen zu Seminaren oder Workshops erhalten Sie unter Ingrid.KraazvRohr@t-online.de oder unter Tel. 0049-89-641 11 10.

Kaya Lemke beschäftigt sich seit 13 Jahren intensiv mit Edelsteinen. Im April 1995 eröffnete sie gemeinsam mit ihrem Bruder ein spirituelles Geschäft in Eckernförde mit dem Schwerpunkt Edelsteine und Bücher. »Wir hatten das Glück, auf einer Messe Michael Gienger kennenzulernen. Er informierte uns viel über Fälschungen und Verwechslungen im Edelsteinbereich. So haben wir von vornherein darauf geachtet, naturbelassene Steine zu verkaufen.« Kaya Lemke kreiert Ketten aus Edelsteinen für bestimmte Wirkungen und Anlässe.

Danksagungen

Katrin Meißner und Tim Lemke vom »Amaryllis«, Eckernförde, für tatkräf-tige Unterstützung und Bereitstellung zahlreicher Edelsteine für die Abbil-dungen in diesem Buch.

Margit Krysta, Antje und Hermann Betken für Liebe zur Sache, Gespür und Kreativität – ohne sie wäre dieses Buch nicht zu Stande gekommen.

INGRID KRAAZ VON ROHR
KAYA LEMKE

Edelstein
Orakel

Liebe · Glück · Erfolg

KÖNIGSFURT–URANIA

Bibliographische Information der Deutschen Nationalbibliothek
Die Deutsche Nationalbibliothek verzeichnet diese Publikation in der Deutschen National-
bibliographie; detaillierte bibliographische Daten sind im Internet über http://dnb.d-nb.de abruf-
bar.

Originalausgabe
Krummwisch bei Kiel 2008

© 2008 by Königsfurt-Urania Verlag GmbH
D-24796 Krummwisch
www.koenigsfurt-urania.com

Umschlaggestaltung: Stefan Hose, Götheby-Holm
Kartengestaltung: Antje + Hermann Betken, Oldenbüttel
Fotos: digitalstock.de • fotolia.com • pixelio.de • photocase.de • Hermann Betken (siehe S. 96)
Redaktion: Jennifer Lorenzen-Peth
Satz und Layout: Antje Betken, Oldenbüttel
Druck und Bindung: Finidr s.r.o.
Printed in EU

ISBN 978-3-86826-709-9 (Set mit Buch und Karten)
ISBN 978-3-86826-710-5 (Buch separat)

Inhalt

Edelsteine und Kristalle –
gespeicherte Lichtenergie

Zur Geschichte der Edelsteine

Seit Anbeginn der Menschheit werden Edelsteine geschätzt, als Talismane, als Schmuck und als Heilsteine. Die Energie der Edelsteine spendet allen Lebewesen Kraft, Heilung und Schutz. Im Mittelalter nutzte bereits Hildegard von Bingen Edelsteine zur Linderung von Krankheiten.

Unterscheiden können wir die Edelsteine nach ihrem chemischen Aufbau, ihrer Struktur (kubisches, trigonales und monoklines Kristallgitter), der Form, wie sie wachsen, und nach ihrer Farbe. Wünscht man eine noch genauere Bestimmung, so werden Dichte, Lichtbrechung, Härte, Glanz und Spaltbarkeit geprüft.

Die ersten Mineralien sind aus Magma, dem flüssigen Erdinneren, durch einen Kristallisationsprozess entstanden. Durch das Abkühlen des Magmas bildeten sich die Kristalle, unterschiedlich je nach Art der Mineralstoffe. Druck, Hitze, Raum, Zeit und Abkühlung waren dabei die weiteren entscheidenden Faktoren.

Mancherlei Umweltbedingungen sorgten für zahlreiche Variationen und den Reichtum an Edel- oder Heilsteinen, die wir heute so sehr schätzen.

Der Gebrauch von Edelsteinen in alten Kulturen

Ob in Ägypten, China, Indien, Persien oder ob bei den Azteken und Tolteken – überall wurden die Edelsteine zu Heilzwecken und religiösen Handlungen verwendet. Im alten Ägypten etwa galt der Rubin als ein Schutz gegen schwarze Magie oder der Diamant als ein Helfer, um Prophezeiungen zu entwickeln.

Besonders umfangreich wurde der Edelstein mit seinen Heileigenschaften im alten Griechenland verwendet, wie zum Beispiel die Texte von Plinius und Dioskorides belegen. Paracelsus, der große Gelehrte an der Wende vom Mittelalter in die Neuzeit, hat sich darauf oft bezogen.

In einigen Kulturen wurden die Edelsteine als unentbehrlich angesehen, wenn es um die Erhaltung eines hohen Bewusstseinszustandes ging.

Letztlich hat es stets Menschen gegeben, die von den Kräften der Edelsteine wussten. Nicht zuletzt die Indianer Nordamerikas verstärkten ihr intuitives Wissen mit Edelsteinen. Edelsteine gehörten zum Teil zur medizinischen Versorgung.

Oft wurde behauptet, dass hinter den Edelsteinen die Kräfte bestimmter Gottheiten stünden. Doch dies geschah nicht selten, um gesellschaftliche Macht zu legitimieren.

Edelsteine regen die Heilung von Körper, Geist und Seele an

Heilung geschieht auf der Grundlage von Resonanz, Harmonie und Schwingung. Alles im Universum ist miteinander verbunden aufgrund eines Schwingungszustandes. Edelsteine enthalten kristalline Aspekte. Diese kristallinen Strukturen befinden sich in einem Harmonie- und Resonanzzustand. Das ist für uns sehr wichtig: Sie enthalten ein stabiles Element und können nicht ohne Weiteres von anderen Schwingungsformen durchdrungen werden.

Diese harmonischen Schwingungen und Energiefelder der Edelsteine wirken auf Körper, Geist und Seele des Menschen. Der physische Körper wird durch biomolekulare Energie geheilt, die von den Edelsteinen ausgeht. Der menschliche Körper reagiert mit Harmonisierung des vorher instabilen Schwingungsmusters (siehe auch *Die richtige Schwingung heilt* im Literaturverzeichnis).

Edelsteine sind Gedankenverstärker

Wir können Gedanken durch Edelsteine filtern und entsprechend der spezifischen Schwingung des Edelsteins formen. Im physischen Körper wirken sie dann auf bestimmte Bereiche der biomolekularen Aktivität und erhöhen die heilende Eigenschaft des Steines. Mit anderen Worten, die Heilkraft eines Edelsteines wird durch Meditation erhöht. Das heißt, während Sie meditieren, tragen Sie am besten den Edelstein am Körper.

Dies ist möglich aufgrund der Resonanz zwischen Geist und Materie, wobei der physische Körper durch die Eigenschaften des Geistes geformt wird. Der Geist durchdringt die Materie und kann damit in alle Bereiche des Selbst gelangen.

Edelsteine haben auch Wirkung auf die spirituelle Struktur

Die spirituelle Ebene des Menschen unterscheidet sich von der materiell-physischen. Die spirituelle Struktur steht für die Bewusstseinsentwicklung und »innere Erleuchtung«. Hier geht es nicht um die Verhaltensänderung, wie sie auf der Ebene der praktischen Entscheidungen ansteht. Jede spirituell bewusste Entscheidung beruht auf lichtvollen Erkenntnissen, der so genannten Verhaltenserleuchtung. Und dafür sind Edelsteine wie geschaffen.

»Edle Steine als Empfänger und Spender kosmischen Lichts, das ist mehr als ein Gedanke von Dichtern« (Johannes Vehlow, Astrologe).

Schwingungsresonanzen zwischen Mineralien und physischen Körpern

Gurudas sagt in seinem Buch *Heilung durch die Schwingung der Edelsteinelixiere*: »Allmählich werden mehr und mehr Menschen, die mit Akupunktur und verwandten Massagetechniken arbeiten, erkennen, dass man mit Edelsteinen wirksam die Meridiane aktivieren und den Heilungsprozess beschleunigen kann.«

Eine spirituelle Erklärung für die Schwingungsresonanzen zwischen Mineralien und dem physischen Körper gibt auch Rudolf Steiner. Er sagt, die Evolution habe an einem mittleren Punkt begonnen und sich dann einerseits zum Menschen erhoben, andererseits zum Mineralreich abwärts bewegt. Unser physischer Körper hat sich demnach schrittweise in Millionen Jahren entwickelt. Also gibt es zwei simultane Richtungen der Evolution, eine aufsteigende und eine absteigende. Die Schwingungsresonanz rührt in dieser Theorie daher, dass der physische Körper und bestimmte Minerale, besonders die Metalle, auf diesem Planeten zur gleichen Zeit geschaffen wurden. Ein Beispiel dafür ist die Bildung des Goldes und des menschlichen Herzens. Ann Ree Colton schreibt, der Rubin sei entstanden, als die Menschheit die Haut, die Blutbahnen und das Drüsensystem empfing.

Wie wirken die Heilkräfte der Edelsteine?

Edelsteine wirken, unabhängig vom Bewusstsein des Individuums. In den Edelsteinen ist eine evolutionäre Kraft gespeichert, die die Lebenskraft selbst zu einem spezifischen Muster formt.

Legen Sie einen Edelstein in einen Krug mit klarem reinem Wasser und trinken Sie davon. Es kann zu einer Weiterentwicklung im Bewusstsein des Individuums führen, zu Inspiration und ganzheitlicher Veränderung. Die Edelsteine sind nicht ursächliche Kraft, sondern es wird die ursächliche Kraft, der »göttliche Funke« im Menschen, angeregt.

Edelsteine sind sowohl für die physischen wie auch für die emotionalen und geistigen Gebiete wirksam. Die Heilung entsteht sozusagen auf den Ebenen des Selbst und wird auf den Ebenen der Seele aktiviert und dann erst auf den physischen Körper zurückgespiegelt.

Steine haben Informationen und passen sich an

Ein Edelstein kann die Schwingung des Tragenden widerspiegeln. Der Stein hat also nicht nur eine eigene Schwingung, Form, Schliff und Bearbeitung. Deshalb passt auch nicht jeder Stein zu jedem Menschen. Es gibt Steine, die ihren Glanz verlieren, wenn sie von bestimmten Menschen getragen werden, und andere schwächen die Lebenskraft des Tragenden, weil sie in sich gebrochen, unrein oder von den Schwingungen des Vorbesitzers noch aufgeladen sind.

Es kann der teuerste und beste Stein nichts Positives bewirken, wenn der Tragende körperlich, emotional oder geistig nicht aufnahmebereit oder aufnahmefähig ist.

Im Grundsatz kann ein Edelstein, Kristall oder Mineral für uns auch nur das machen, was wir schon potentiell in uns haben oder suchen.

Die Edelsteine und Kristalle tragen das Sonnenlicht gespeichert in sich und helfen uns damit. Wir leben, weil diese Lichtkraft in uns lebt und uns belebt.

Wir werden also von genau dem Stein wie magnetisch angezogen, der zu uns passt.

Die Farben der Edelsteine

Klare, weiße und silberne Edelsteine

Bergkristall
Klarheit » Reinheit » Energie
Bergkristall klärt die Gefühle.
Wir sind voll Ruhe erfüllt
und spüren, Teil des Ganzen
zu sein.

Diese Steine reflektieren die Farben. Sie sind neutral und führen uns Energie zu. Klare Steine unterstützen und stärken die vorhandenen Eigenschaften (Bergkristall). Weiße Steine stärken die Neutralität und Weisheit (Diamant), silberne Steine lassen uns in den eigenen Spiegel schauen. Sie fördern die Selbsterkenntnis. Alle diese Mineralien stehen für geistige Freiheit und Vollkommenheit.

Beige, hellgraue und perlmuttfarbene Edelsteine

Perle
Reinigung » innere Schönheit
Perlen bedeuten Tränen.
Sie schenken uns Reife
und bringen unser Leben
wieder in Fluss.

Diese Farben bringen unser Leben wieder in Fluss, indem sie einen Reinigungsprozess in Gang bringen. So manche Träne kann dabei fließen. Sie stärken unsere weibliche Seite, bringen uns Einfühlungsvermögen und Empfindsamkeit und regen unsere Traumwelt an. Die Farben lassen unsere innere Schönheit erblühen.

Rosafarbene Edelsteine

Rosenquarz
Hilfsbereitschaft » Mitgefühl
Seine Energie bringt Sanftheit,
gepaart mit Bestimmtheit.
Wir fühlen uns eingehüllt
in eine liebevolle Wolke. Das
kommt auch der Partnerschaft
zugute.

Es sind die Steine der Herzensebene, sie sorgen für das Verständnis für uns selbst und andere. Wir empfinden kein Mitleid mehr, sondern Mitgefühl. Rosafarbene Steine sind Trostspender und hilfreich bei Liebeskummer. Sie haben eine harmonisierende Wirkung. Diese Farbe regt das Herz-Chakra an.

Rote und pinkfarbene Edelsteine

Rubin
Lebensfreude » Lust
Ein Rubin bringt Schwung
ins Leben. Er entfacht unsere
Leidenschaft und lässt uns
unsere Phantasien ausleben.

Sie sind generell anregend und bringen unser Leben in Schwung. Sie stärken unser Selbstbewusstsein und bringen Offenheit mit sich. Es sind die Steine, die mit Leidenschaft und Erotik unsere Sexualität bereichern. Diese Farbe wird dem Wurzel-Chakra zugeordnet.

Orangefarbene Edelsteine

Feueropal
Leidenschaft + Spontaneität

Feueropal lässt uns mit unglaublicher Energie durchs Leben wirbeln. Begeisterung auf ganzer Linie!

Sie fördern die Vitalität. Sie lässt uns beschwingt durch das Leben gehen. Orange stimmt heiter und fröhlich. Die Farbe steht für inneres und äußeres Wachstum. Trotz allem gibt sie uns eine gewisse Bodenständigkeit und Ruhe. Diese Farbe soll Sinnlichkeit in unser Leben bringen. Die Farbe orange wird dem Sakral-Chakra zugeschrieben.

Gelbe Edelsteine

Citrin
Stärkung des Selbstwertes

Auf liebevolle und sanfte Art führt der Stein uns zu einem starken Selbstbewusstsein.

Gelbe Mineralien stehen für neuen Lebensmut und sie fördern unsere Kreativität. Sie geben uns Mut zum Entscheiden und Handeln. Auf sanfte Art und Weise stärken sie unseren Selbstwert. Sie geben Wärme und Fröhlichkeit. Gelb entspricht dem Dritten Chakra, dem Solar-Plexus.

Braune Edelsteine

Tigerauge
Entscheidungen

Der Stein sorgt für klares und bewegliches Denken. Wir fühlen uns unsicher und im Wissen, das Richtige zu tun.

Sie stehen für Rückzug, Ruhe und Schutz. Auf der Basis von Vertrauen und Erdung lassen sie uns geistig wachsen und geben uns Gelassenheit.

Grüne Edelsteine

Smaragd
Harmonie + Schönheit

Der Smaragd regeneriert Körper und Seele. Er zeigt uns unsere innere Schönheit. Smaragd vermittelt ein harmonisches Miteinander.

Mit grünen Mineralien üben wir uns in Geduld. Sie wirken harmonisierend und neutralisierend. Die meisten von ihnen unterstützen die Entgiftung des Körpers. Je heller das grün, desto spielerischer gehen wir mit dem Leben um. Sie fördern unsere Naturverbundenheit. Die meisten grünen Steine wirken unterstützend beim Meditieren. Dem Herz-Chakra sind grüne Mineralien zugeordnet sowie rosa Steine.
Grüne Steine schützen vor negativen Energien; am besten am Solarplexus anlegen.

Blaue und türkise Edelsteine

Generell haben fast alle blauen Mineralien eine beruhigende, kühlende Wirkung. Sie sorgen für Offenheit und Ehrlichkeit. Kommunikation und Wahrhaftigkeit gehören zu ihrer Energie und unser Wissensdurst nimmt zu. Helle Steine lassen uns beschwingt durch das Leben gehen und aktivieren unsere Hellsichtigkeit. Während die hellblauen und türkisen Steine dem Kehlkopf-Chakra zugeordnet sind, sind die dunkelblauen und indigofarbenen Steine für das Stirn-Chakra.

Violette Edelsteine

Das Hauptthema violetter Steine ist Transformation. Unser Träumen wird angeregt. Sie helfen, traumatische Erlebnisse zu verarbeiten und wirken unterstützend in der Trauerarbeit, dadurch finden wir zurück ins Hier und Jetzt. Auf ihre Weise geben sie Ruhe und Gelassenheit. Violett fördert die Reinigung. Zur Unterstützung des Kronen- oder Scheitelzentrums dienen violette, weiße oder goldfarbene Steine.

Schwarze Edelsteine

Diese Steine lassen uns auf das Wesentliche in unserem Leben schauen. Unentfaltete Talente werden deutlich. Verdrängte Erlebnisse, angenehme wie unangenehme, werden präsent, um sie zu verarbeiten. Schwarze Steinen helfen, uns einige Zeit zurückzuziehen.

Bunte und farbig schillernde Edelsteine

Tragen wir solche Steine nehmen wir eine entspannte Sicht der Dinge an. Die Lebenslust lässt uns vergnüglich sein. Sie vermitteln das Gefühl: Wir stehen auf der Sonnenseite des Lebens, wobei sie unseren Blick für die Vielfalt und die Wunder in der Realität schärfen.

Wie benutze ich die Edelstein-Karten?

Verdecktes Auslegen der Edelstein-Karten

Sie können Ihre Karte für den Tag herausfinden, indem Sie die Karten verdeckt vor sich auslegen und intuitiv eine Karte ziehen. Stellen Sie sich die Frage: *Welcher Edelstein hilft mir heute? Welche Botschaft steckt dahinter? Welcher Edelstein stärkt mich heute?*

Offenes Auslegen der Edelstein-Karten

Dabei werden die Karten mit Bild nach oben gehalten, so dass Sie die Bilder sehen und sich Ihren »Stein des Tages« aussuchen können.

Hier gilt es, Ihr persönliches Empfinden walten zu lassen. Sie erkunden Ihre Lage, Ihre Stimmung, Ihre Aufgabe usw., indem Sie den passenden Edelstein suchen.

Edelsteine haben eine magnetische Anziehungskraft – und nur Ihr persönlicher Stein wird Sie anstrahlen!

Stellen Sie sich hier zum Beispiel die Frage: *Welcher Edelstein hilft mir heute? Welche Botschaft soll mich erreichen? Welcher Edelstein stärkt mich heute für meine Unternehmungen?*

Die Energie der Karten erspüren und übertragen

Wenn Sie Ihren Lieblingsstein (noch) nicht persönlich besitzen, genügt es die Karte unter Ihre tägliche Flasche Wasser zu legen. Die Schwingung und Information des Steines übertragen sich. Wieviel Zeit dafür erforderlich ist, wird unterschiedlich beschrieben. 10 Minuten – 30 Minuten – 24 Stunden …
Die Meinungen darüber gehen auseinander, und tatsächlich variiert es auch je nach Problemlage. Hören Sie auf Ihr Gefühl. Noch einmal: Meditation hilft zum richtigen Umgang mit den Edelsteinen und ihren Heilwirkungen.

Natürlich ist es schön, Edelsteine zu besitzen, aber es ist nicht notwendig. Es reicht, wenn Sie die Information erhalten haben und Sie dadurch in Ihrer Persönlichkeit gestärkt werden für den Tag.

Viel Freude und »edle« Erkenntnisse!

Die Befragung des Orakels

Eine gute Vorbereitung für die Befragung des Orakels ist es, zu beten oder zu meditieren. Inne halten, zur Ruhe kommen, schweigen – diese Momente sind dabei genauso wichtig wie sich seine Wünsche und Ängste einzugestehen. Dabei hilft es, in der Meditation alle Gedanken fließen zu lassen, auf dass der Kopf leer und das Herz leicht werde.

In diesen Augenblicken der Stille, in denen das ununterbrochene Geplapper unserer Gedanken und das Lärmen unserer Emotionen verstummen, lassen die Heilkräfte des Orakels heimlich und leise die schönsten Inspirationen, Botschaften oder beflügelnde neue Ideen in unser Bewusstsein gleiten.

Wenn Sie sich ein bisschen Zeit nehmen, um tief durchzuatmen, sich zu entspannen und Ihre Gedanken zur Ruhe zu bringen, bevor Sie eine Befragung des Orakels beginnen, können und werden Sie viel mehr davon empfangen, als wenn Sie ohne eine solche Vorbereitung starten.

Öffnen Sie sich und vertrauen Sie darauf, dass die Antwort in der Karte oder in den Karten liegt, die Sie nun ziehen werden.

Manchmal passiert es, dass wir die Antwort, die eine Karte uns gibt, nicht gleich verstehen. Dann ist es am besten, sich erneut ruhig hinzusetzen und zu meditieren. Blicken Sie tiefer in sich hinein. Betrachten Sie das gezogene Kartenbild noch einmal. Dann wird Ihnen der Sinn der Botschaft noch klarer werden.

Eine Karte ziehen

Formulieren Sie in Gedanken Ihre Frage oder sprechen Sie sie laut vor sich hin, während Sie die Karten mischen. Dann ziehen Sie eine Karte aus dem Stapel. Manche Leute bevorzugen es jedoch, die Karten fächerförmig auf den Tisch auszubreiten, dann die Hand darüber wandern zu lassen und intuitiv eine Karte aus dem Fächer zu ziehen. Wie auch immer, entscheidend ist die Achtsamkeit, die Mischung aus Konzentration und Offenheit.

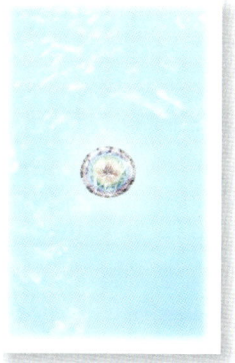

Drei Karten ziehen

Wenn Sie Ihre Frage gestellt haben, ziehen Sie bei dieser Übung drei Karten aus dem Kartenstoß oder aus dem auf dem Tisch ausgelegten Kartenfächer. Nehmen Sie die drei Karten von oben, von unten oder aus der Mitte, zu denen Sie sich spontan am meisten hin gezogen fühlen.

Die erste dieser drei Karten steht für die Gegenwart, für die aktuelle Situation, und genau hier und jetzt wird die Antwort kommen, die Idee zur Lösung Ihrer Frage geboren.

Die zweite Karte steht für die unmittelbare Vergangenheit. Das ist die Zeit der Geschichte, der Entstehung Ihrer heutigen Frage.

Die dritte Karte steht für die Zukunftsaussichten, für die nächste Entwicklung und die möglichen nächsten Schritte, die das Orakel Ihnen vorschlägt.

Decken Sie die Karten jeweils einzeln auf, betrachten Sie das Bild, lesen Sie die Hinweise zur betreffenden Karte.

Wenn Sie alle drei Karten aufgedeckt haben, meditieren Sie über die Antwort des Orakels.

Betrachten Sie die Entwicklung in den drei Karten. Worin unterscheiden sie sich, was haben sie gemeinsam? Welchen Zusammenhang, welchen Hinweis erkennen Sie darin?

Beschließen Sie die Befragung, indem Sie ein Resümee, einen inneren Vorsatz laut vor sich hin sagen.

Dann beenden Sie die Sitzung mit einer Verbeugung, einem kleinen Lied oder einem tiefen Atemzug und der Wiederholung Ihres Resümees.

Nach der gleichen Vorgehensweise, wie auf den beiden vorigen Seiten beschrieben, können Sie auch diese Legemuster benutzen:

»Wegweisung«

1 – »Das kennst Du bereits.«
2 – »Das kannst Du gut.«
3 – »Das ist noch neu.«
4 – »Das lernst Du nun dazu.«

»Orakelfragen«

1 – Das derzeitige Problem.
2 – Der Weg heraus.
3 – Die Zukunft, wenn ich bereit bin, den Weg zu gehen.

Die 36 Edelsteine und -metalle

Achat

Rückzug ◊ Ruhe ◊ Stabilität

Achat zu tragen, ist
als würde uns die Erde
auffangen und leise wiegen.

Amethyst

Träume ◊ Verluste ◊ Trauer

Amethyst verbindet
das Geistige mit der Materie.

Aquamarin

Leichtigkeit ◊ Hellsichtigkeit

Aquamarin gibt Weitblick
und Leichtigkeit.

Aventurin

Meditation ◊ Innenschau

Aventurin lässt uns fragen:
»Was macht uns glücklich?«

Bergkristall

Klarheit ◊ Reinheit ◊ Energie

Bergkristall klärt die Gefühle.
Wir sind von Ruhe erfüllt
und spüren, Teil des Ganzen
zu sein.

Bernstein

Kreativität ◊ Wärme

Bernstein bringt die Sonne ins
Herz. Seine Fröhlichkeit wirkt
ansteckend.
Er lässt uns positive Energie
in die Welt tragen.

Calcit

Lebensmut ◊ Wachstum

Ruhig und sicher lässt uns
Calcit unsere Schritte machen.

Chalcedon

Lebendiger Ausdruck

Chalcedon ist der Stein
der Redner.

Citrin

Stärkung des Selbstwertes

Auf liebevolle und sanfte
Art führt der Stein uns
zu einem starken Selbst-
bewusstsein.

Diamant

geistige Freiheit ◊ Licht

Diamant fordert Klarheit
und Ehrlichkeit uns selbst
gegenüber. Er schenkt uns
Charakterstärke.

Dolomit

Erdung ◊ Ausdauer

Dolomit entspannt Körper,
Geist und Seele.

Dumortierit

Gelassenheit ◊ neue Wege

Dumortierit vermittelt ein
entspanntes Lebensgefühl.

Feueropal

Leidenschaft ◊ Spontaneität

Feueropal lässt uns
mit unglaublicher
Energie durchs
Leben wirbeln.
Begeisterung
auf ganzer
Linie!

Fluorit

Ordnung ◊ Struktur

Die starke Energie des Fluorits
lässt uns enormen Tatendrang
verspüren. Und immer taucht
die Frage auf: »Was will ich?«

Granat

Krisenbewältigung

Wenn wir das Gefühl haben,
alles bricht über uns zusammen, hilft uns der Granat. Er
zeigt uns den Lichtschimmer
am Horizont.

Heliotrop

Abgrenzung ◊ Schutz

Der Stein
befreit uns aus
Abhängigkeiten.
Heliotrop gibt Zuversicht.

Jadeit
Ausgleich ◆ Beschwingtheit

Seine Energie
verhilft uns zu
spielerischem Umgang
mit dem Leben.

Jaspis
Mut zum Handeln ◆ Tatkraft

Jaspis trägt uns sicher durch
den Alltag. Er gibt uns Kraft
und Ausdauer, Gelassenheit
und Ruhe.

Karneol
Entdeckerdrang ◆ Vitalität

Karneol hilft uns, mit Vertrauen
und der Kraft der Erde
neue Ziele zu erreichen.

Lapislazuli
Wahrhaftigkeit ◆ Präsenz

Lapislazuli
lässt unser
strahlendes Wesen
zum Vorschein kommen.
Er ist der Freundschaftsstein.

Mondstein
Weiblichkeit ◆ Hingabe

Mondstein schenkt
Einfühlungsvermögen
und Empfindsamkeit.
Wir können mit ihm auf
unseren Traumpfaden wandeln.

Peridot
gesunder Egoismus

Mit Peridot
erleben wir
Leichtigkeit, weil wir von
alten Lasten loslassen können.

Perle
Reinigung ◆ innere Schönheit

Perlen bedeuten Tränen.
Sie schenken uns Reife
und bringen unser Leben
wieder in Fluss.

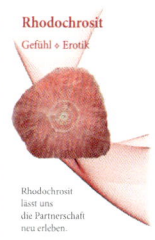

Prasem
Selbstbeherrschung

Wir sollten darauf
achten, dass Vertrauen
und Selbstbestimmung
im Einklang sind.

Rauchquarz
Nervenstärke ◆ Belastbarkeit

Der Anti-Stress-Stein!
Rauchquarz lässt uns ruhiger
werden und wir können uns
wieder auf das Wesentliche
konzentrieren.

Rhodochrosit
Gefühl ◆ Erotik

Rhodochrosit
lässt uns
die Partnerschaft
neu erleben.

Rhodonit
Verwirrung ◆ Trost

Rhodonit ist der
Erste-Hilfe-Stein
bei allen Notfällen.

Rosenquarz
Hilfsbereitschaft ◆ Mitgefühl

Seine Energie bringt Sanftheit,
gepaart mit Bestimmtheit.
Wir fühlen uns eingehüllt
in eine liebevolle Wolke. Das
kommt auch der Partnerschaft
zugute.

Rubin
Lebensfreude ◆ Lust

Ein Rubin bringt Schwung
ins Leben. Er entfacht unsere
Leidenschaft und lässt uns
unsere Phantasien ausleben.

Saphir
Spiritualität ◆ Weisheit

Der Saphir trägt die Weisheit
des Lebens in sich.
Zielsicher lässt er uns
unseren Weg gehen.

Smaragd
Harmonie ◆ Schönheit

Der Smaragd regeneriert Körper
und Seele. Er zeigt uns unsere
innere Schönheit.
Smaragd vermittelt
ein harmonisches
Miteinander.

Tigerauge
Entscheidungen

Der Stein sorgt für klares
und bewegliches Denken.
Wir fühlen uns umarmt und
im Wissen, das Richtige zu tun.

Türkis
Eigenverantwortung

Jeder ist seines
Glückes Schmied!
Ein Türkis gibt uns
Sicherheit und Schutz
vor äußeren Einflüssen.
Wir werden selbstsicher
und klar.

Gold
Macht ◆ Selbstvertrauen

Durch Gold entdecken
wir unsere eigene Größe.

Silber
Offenheit ◆ Annehmen

Silber stellt das weibliche
Prinzip dar. Es vermittelt uns
Herzlichkeit und Verständnis
für andere.

Kupfer
Emotion ◆ Sinnlichkeit

Kupfer gleicht unsere
emotionale Waage aus.

Achat

Herkunft
Uruguay, Brasilien, Madagaskar, Indien, Mexiko.

Farbe
Grau bis blau, braun bis rosa, gelb, rost und weiß. Charakteristisch sind die farblich voneinander abgesetzten Bänderungen.

Überlieferung
Achat ist vorwiegend in Indien und Tibet als Schutzstein und Glücksbringer bekannt.

Fälschungen und Verwechslungen
Wird grauer Achat gebrannt, nimmt er eine rosa-orange Farbe an und wird als Aprikosenachat verkauft! Gerne werden Achate in pink, leuchtend blau oder giftgrün eingefärbt und als echte Steine angeboten. Verwechslungen kann es mit gebändertem Flint oder Jaspis geben.

Heil-Wirkungen
◇ Achat fördert den Rückzug nach innen. Der Stein bewirkt, dass wir aus der Ruhe heraus handeln. Achate wirken stabilisierend, schützend und zentrierend vor allem, wenn die Bänderung gleichmäßig ist. Er fördert das Erinnerungsvermögen und wir verarbeiten unsere Erfahrungen leichter, das führt zu geistigem Wachstum. Achat gibt innere Stärke, sich gegen äußere Einflüsse abzugrenzen.

◇ Achat, während der Schwangerschaft getragen, beschützt die Mutter und das ungeborene Kind.

◇ Der Stein wird bei Magen- und Darmbeschwerden eingesetzt. Oft haben Achate oder die Bänderungen des Achats die Form des entsprechenden Organs, z. B. des Magens, dann wirkt dieser Stein intensiver als andere, wird er auf das entsprechende Organ gelegt. Legen Sie Achat und rosa Moosachat in einen Krug mit Leitungswasser, trinken Sie dies über den Tag verteilt, es wirkt beruhigend auf Magen und Darm. Achat wird bei erhöhtem Augendruck (Glaukom, Grüner Star) eingesetzt.

Element
Erde.

Astrologie
Stier: Achat gibt ihm die Kraft, seine Dinge mit Geduld und Ausdauer zu erledigen.

Skorpion: Achat mit Kristalleinschluss führt den Skorpion zu seinem Innern. Er macht ihn stark gegen äußere Einflüsse.

Fische: Für ihn ist der Achat ein Schutzstein. Er hilft, sich nach außen abzugrenzen und stärkt den Realitätssinn.

Achat
Rückzug ◇ Ruhe ◇ Stabilität

Achat zu tragen, ist als würde uns die Erde auffangen und leise wiegen.

Persönliche Erfahrungen
Achat zu tragen ist, als wenn die Erde uns auffängt und wiegt. Es ist anzuraten, Achat über einen längeren Zeitraum zu tragen, da er seine Wirkung langsam entfaltet. Der Stein lässt uns mit der Zeit ruhiger werden, ohne dass wir es bewusst wahrnehmen.

Die Botschaft des Achats
Er vermittelt Ruhe, Sie kommen zu sich selbst. So wird Ihr Handeln besonnen sein. Durch den Schutz, den er Ihnen vor äußeren Einflüssen gibt, gehen Sie leichter durch das Leben.

Liebe
Finden Sie zu sich selbst, damit Sie Ihren Partner sehen können, wie er ist.

Glück
Erinnern Sie sich an glückliche Zeiten und gehen Sie nach innen durch Meditation, stilles Gebet oder gehen Sie einfach in die Natur hinaus.

Erfolg
Ruhe, Stabilität und Ausdauer sind die Schlüssel zum Erfolg.

Amethyst

Herkunft
Uruguay, Brasilien, Madagaskar, Australien, Afrika, Mexiko.

Farbe
Hell- bis dunkelviolett, durchscheinend, aber auch violett, weiß opak (Amethyst Chevron). Eine Besonderheit ist die Amethyst-Druse, ein Gesteinshohlraum, der durch Amethyst-Kristalle ausgekleidet ist.

Überlieferung
Das Wort Amethyst kommt aus dem Griechischen: *amethyein = vor Trunkenheit bewahren.*

Fälschungen und Verwechslungen
Wird Amethyst gebrannt, nimmt er eine gelbliche Farbe an und wird als Citrin angeboten! Fatal, denn Citrin ist teurer und hat eine andere Wirkung als Amethyst. Amethyst wird manchmal mit lila Fluorit verwechselt.

Heil-Wirkungen
✧ Amethyst regt das Träumen an und hilft, die Träume besser zu verstehen. Unters Kopfkissen gelegt, schläft man die ersten zwei Nächte unruhig, danach ist es erholsam.

✧ Er fördert die Konzentrationsfähigkeit und geistige Wachheit – dadurch ist man effektiv im Denken und Handeln.

✧ Große Drusen reinigen das Raumklima und sollen Süchte mindern.

✧ Der Stein gibt langfristig inneren Frieden und das Vertrauen, den eigenen Weg zu gehen und verbindet das Geistige mit der Erde.

✧ Amethyst ist ein guter Meditationsstein. Das Meditieren fällt einem leichter, da er reinigend auf den ganzen Raum wirkt.

✧ Er wirkt entspannend, bei leichten Kopf– und Nackenschmerzen.

✧ Der Stein wird auch bei Lungen-, Atemwegserkrankungen und Hautproblemen eingesetzt. Bei allen Lymphflussproblemen ist er hilfreich.

✧ Amethyst lindert allgemein Schmerzen. Er ist der »Trauerstein«, Verluste werden leichter verarbeitet.

Elemente
Erde und Luft.

Astrologie
Jungfrau: Amethyst lindert Unruhe und
schenkt Offenheit für neue Ideen.
Widder: Ist der Widder von einer starken
Dynamik getrieben, schenkt Amethyst
Ruhe. Der Stein fördert bei ihm die Ge-
duld, im richtigen Moment zu handeln.
Fische: Amethyst fördert beim Fisch die
fehlende Seite, meistens die Erdung.

Persönliche Erfahrungen
Bei Kopfschmerzen tritt Besserung ein,
wenn wir mit einem Drusenstück von
der Stirn in den Nacken streichen. Eine Kette wirkt bei Nackenverspan-
nungen am stärksten. Zuerst wird es schlimmer, dann setzt Besserung ein.
Amethyst schenkt uns Ruhe. Wenn wir »über den Wolken schweben«, holt
er uns sanft auf die Erde zurück. Gut eignet er sich auch bei Fastenkuren.

Amethyst
Träume ⬦ Verluste ⬦ Trauer

Amethyst verbindet
das Geistige mit der Materie.

Die Botschaft des Amethysts
Er vereint das Geistige mit der Materie. Der Stein bietet Schutz und den Ein-
blick in das Reich der Träume. Er klärt Ihren Geist und zeigt Ihnen Ihren
individuellen Weg.

Liebe
Erden Sie sich und betrachten Sie Ihre Liebe einmal nüchtern.

Glück
Wer nur das Materielle oder das Geistige lebt, geht am Glück vorbei.

Erfolg
Verbinden Sie Ihre Gegensätze! Hören Sie auf Ihre Intuition. Machen Sie
Ihre Schritte im Außen und teilen Sie sich anderen mit.

Aquamarin

Herkunft

Indien, Brasilien, Madagaskar.

Farbe

Hellblau, blau, blaugrün bis meergrün.

Überlieferung

Der Name ist aus dem Italienischen abgeleitet: *aqua marina* = *Meerwasser*. Früher wurde der Stein einfach als Beryll bezeichnet. Das Wort »Brille« leitet sich davon ab, da er für die Augenheilkunde verwendet wurde.

Fälschungen und Verwechslungen

Wird gelber Beryll gebrannt, nimmt er eine hellblaue Färbung an. Er wird dann als Aquamarin verkauft. Kaufen Sie also nur in Fachgeschäften mit kompetenter Beratung. Aquamarin wird manchmal mit Turmalin, Apatit oder Disthen verwechselt.

Heil-Wirkungen

- ✧ Durch das Tragen eines Aquamarins kommt Beschwingtheit und Leichtigkeit in unser Leben.
- ✧ Wenn Sie sich für den Stein öffnen, stellt sich relativ schnell Hellsichtigkeit ein. Dieser »Weitblick« ermöglicht es vorauszusehen, ob sich auf dem Weg noch bessere oder andere Möglichkeiten bieten.
- ✧ Aquamarin unterstützt das Durchsetzungsvermögen, Widerstände schrecken einen nicht. Gleichzeitig verhindert er sinnlose Streitereien.
- ✧ Der Stein mildert Gereiztheit und Aggression.
- ✧ Er wirkt stimmungsaufhellend bei Depressionen.
- ✧ Es heißt, wenn ein Aquamarin vor Beginn des Pollenfluges (ab Mitte Februar) getragen wird, wirkt er gegen Heuschnupfen. Auch bei anderen Allergien wird ihm eine große Wirkung nachgesagt.
- ✧ Unter anderem stärkt er die Sehkraft. Bei Augenleiden soll Aquamarin direkt auf die Augenlider gelegt werden, so oft es die Zeit ermöglicht.

Element
Wasser.

Astrologie
Wassermann: Aquamarin gibt ihm Klarheit für Geist und Seele.
Zwilling: Der Stein führt den Zwilling nach innen und fördert somit die Kommunikation mit seinem Höheren Selbst.
Waage: Aquamarin lässt die Waage unabhängig von anderen ihren Weg gehen.
Fische: Durch Aquamarin wächst der Fisch über sich hinaus. Er öffnet den Kanal für Hellsichtigkeit.

Aquamarin
Leichtigkeit ◇ Hellsichtigkeit

Aquamarin gibt Weitblick und Leichtigkeit.

Persönliche Erfahrungen
Aquamarin entwickelt bei uns eine starke Hellsichtigkeit. Die Intuition wird durch ihn unglaublich gestärkt und so folgen wir voll »Gottvertrauen« blind unserem Herzen. Wir lernen, oft unter Tränen, dem Leben zu vertrauen, denn vieles kommt erst auf die letzte Minute. Die Leichtigkeit, gepaart mit Tiefe, ist ein großes Geschenk dieses Steins.

Die Botschaft des Aquamarins
Er stärkt das Vertrauen in die Intuition, geben Sie sich mit Leichtigkeit dem Leben hin. Er unterstützt Sie mit Ausdauer, Zielstrebigkeit und Weitblick.

Liebe
Der Aquamarin hilft, aufkommenden Streit zu besänftigen. Legen Sie Ihren Fokus auf die Leichtigkeit in Ihrer Beziehung.

Glück
Nur Geduld, Ausdauer und Disziplin führen zu wahrem Glück.

Erfolg
Nutzen Sie Ihre Hellsichtigkeit. Verändern Sie das Hier und Jetzt.

Aventurin

Herkunft
Russland, Brasilien, Indien, Ostafrika.

Farbe
Grün oder gelblich, orange bis rot, mit goldfarbenen Sprenkeln.

Überlieferung
Seinen Namen verdankt der Aventurin Italien des 17. Jahrhunderts: *a ventura = aufs Geratewohl*. Es ist ein Hinweis auf die wie zufällig eingestreuten Glimmerpunkte. Im Volksmund nennt man Aventurin auch den »Smaragd für Arme«.

Fälschungen und Verwechslungen
Nur bei dem orangefarbenen Aventurin könnte es zu einer Verwechslung mit dem synthetisch hergestellten Goldfluss kommen.

Heil-Wirkungen
✧ Generell hat Aventurin eine beruhigende Wirkung, daher eignet er sich gut als Meditationsstein. Der Stein wirkt klärend und ordnend auf den Verstand. Er hat einen ausgleichenden Einfluss auf die Gefühle und schenkt innere und äußere Gelassenheit.

✧ Er hilft, die eigenen Ideale zu verwirklichen und öffnet uns für Neues von außen. Aventurin stärkt das Selbstbewusstsein und fördert die Individualität.

✧ Der Stein regt zum Abnehmen an.

✧ Bei »Herzensangelegenheiten« ist Aventurin zu empfehlen. Er kann einem Herzinfarkt vorbeugen und senkt den Cholesterinspiegel.

✧ Empfehlenswert ist er auch bei Hautproblemen, wie Ausschlägen, Ekzemen, Allergien und Sonnenbrand.

✧ **Kleiner Tipp:** Kleine Aventurine in eine Flasche mit unparfümierter Körpermilch zusammen mit einem halben Teelöffel Perubalsam (ätherisches Öl, riecht köstlich nach Vanille) gegeben, lindert den Juckreiz auf der Haut.

Element
Erde.

Astrologie
Stier: Aventurin gibt dem Stier das Gefühl von Belastbarkeit ohne Druck.
Krebs: Aventurin beruhigt den oft aufgewühlten Krebs, er stärkt seine Verbindung zur Natur, um daraus Kraft und Ruhe zu schöpfen.
Schütze: Der Stein lässt den aktiven, teils überaktiven Schützen ruhiger werden.

Persönliche Erfahrungen
Aventurin bringt uns den Naturwesen näher, was Zeit und Geduld braucht.
Durch das Gefühl, nicht aus unserer Haut zu können, stellt sich manchmal eine Art Nesselausschlag am ganzen Körper ein. Körpermilch mit Aventurin gibt sofort Linderung.

Aventurin
Meditation ✧ Innenschau

Aventurin lässt uns fragen: »Was macht uns glücklich?«

Die Botschaft des Aventurins
Der Stein gibt Ihnen die Ruhe im alltäglichen Leben. Sie werden wieder mehr dem »Herzen« folgen. Achten Sie auf das, was Sie glücklich macht.

Liebe
Kommen Sie zur Ruhe und sehen Sie die liebevollen Dinge, die Ihr Partner Ihnen entgegenbringt, und schenken Sie ihm ein Vielfaches.

Glück
Durch Ihr gestärktes Selbstwertgefühl können Sie von Ihrer wieder entdeckten Herzlichkeit verteilen: »Heute werde ich lächelnd durch die Welt gehen.«

Erfolg
Sie können Ihr Ideal verwirklichen, wenn Sie herzlicher mit sich und anderen umgehen.

Bergkristall

Herkunft

Russland, Brasilien, USA, Namibia.

Farbe

Farblos bis weiß, transparent bis milchig, manchmal mit nebligen Einschlüssen.

Überlieferung

Das Wort Kristall kommt aus dem Griechischen: *kristallos* = *Eis*. Für die Griechen war Bergkristall tiefgefrorenes Eis. Er wurde als Energie- und Kraftspender genutzt und später in der Form einer Kugel zum Wahrsagen.

Fälschungen und Verwechslungen

Glas wird manchmal als Bergkristall angeboten. Bergkristall wird auch als Pseudo-Diamant benutzt.

Heil-Wirkungen

◇ Bergkristall vermittelt Klarheit und Reinheit. Er verhilft auch zur inneren Wahrheit. Der Stein bestimmt den richtigen Zeitpunkt zum Handeln, ordnet Gedanken, hilft, Probleme auf einfache Art zu lösen.

◇ Bergkristall zeigt einem das Lebensziel. Er hilft sehr vielseitig: energetisierend, vitalisierend und fiebersenkend. Nimmt man eine Bergkristall-Spitze und hält die abgeflachte Seite an den Körper, so kann Energie abfließen. Mit der Spitze zum Körper, führt Bergkristall Energie zu.

◇ Er hilft bei Schwellungen, Übelkeit und Durchfall, indem der Stein auf die betroffene Stelle aufgelegt wird.

◇ Hildegard von Bingen verwandte ihn bei Geschwüren und zur Verbesserung des Augenlichts. Bergkristall bringt Sie in Ihre Mitte, denn gleichgültig was Ihnen fehlt, er gleicht es aus: Sie sind einfach zufrieden, denn es wird ihm nachgesagt, dass er das Wissen des Lebens enthält.

◇ Er verstärkt grundsätzlich die Wirkung anderer Steine, wenn Sie z.B. Amethyst und Bergkristall tragen, so ist die Wirkung von Amethyst viel stärker als sonst.

Element
Luft.

Astrologie
Steinbock: Der Steinbock gewinnt durch Bergkristall Klarheit. Er beginnt, sich mit der »unsichtbaren« Welt zu beschäftigen.

Zwilling: Der Zwilling ist oft hin und her gerissen zwischen verschiedenen Möglichkeiten, durch Bergkristall sieht er alles als ein Spiel an und findet dadurch, ohne den üblichen Druck sich entscheiden zu müssen, den richtigen Weg.

Bergkristall
Klarheit ◇ Reinheit ◇ Energie

Bergkristall klärt die Gefühle. Wir sind von Ruhe erfüllt und spüren, Teil des Ganzen zu sein.

Persönliche Erfahrungen
Bergkristall lässt uns ruhig und sehr klar werden, aus der Ruhe heraus wissen wir, was zu tun ist. Er gibt ein unendlich zufriedenes Gefühl. Wenn wir unter vielen Menschen sind, hilft er uns, bei uns zu bleiben und die vielen Eindrücke vor uns stehen zu lassen.

Die Botschaft des Bergkristalls
Nutzen Sie seine Energie. Er klärt Ihre Gefühle, sodass Sie von großer Ruhe erfüllt werden. Er vermittelt Ihnen das Gefühl, ein Teil des Ganzen zu sein, und hilft Ihren Blickwinkel zu erweitern und zu zentrieren.

Liebe
Da Sie Klarheit in sich tragen, nehmen Sie Ihr Gegenüber wahr und sehen, was kommt.

Glück
Sie tragen das Wissen in sich: zum richtigen Zeitpunkt, am richtigen Ort, das Richtige zu tun!

Erfolg
Je besser und ehrlicher Sie handeln, desto mehr Erfolg stellt sich ein.

Bernstein

Herkunft
Baltikum, Dominikanische Republik, Dänemark.

Farbe
Hellgelb, goldgelb bis braun, manchmal weißlich, durchscheinend bis opak, oft organische Einschlüsse, z. B. Insekten.

Überlieferung
Bernstein war als Schmuckstein und Heilmittel in der Antike so beliebt, dass man ihn aus dem Samland via Weichsel – Alpenostrand – Adria nach Italien importierte. Die Griechen nannten ihn »Elektron«. Theophrast, ein Schüler Aristoteles, schrieb das erste Steinbuch und erwähnte die elektrostatischen Eigenschaften des Steins, welcher gerieben, kleine Späne anzieht. Bernstein wird auch das *Blut der Bäume* genannt. Bernstein, am Meer gefunden, bezeichnet man auch als See-Bernstein oder Meerstein.

Fälschungen und Verwechslungen
Auf dem Markt wird so genannte Pressware angeboten: Bernsteinstaub, der mittels eines Klebstoffes zu Steinen geformt wird.

Heil-Wirkungen
- ◇ Er fördert die Kreativität, macht fröhlich und unbeschwert. Bernstein unterstützt somit den Glauben an sich selbst und gibt neuen Lebensmut, auch in aussichtslosen Situationen.
- ◇ Es ist ein guter Schutz- und Bannstein, schon früher wurden Amulette aus Bernstein gefertigt.
- ◇ Er bringt Linderung beim Zahnen von Kleinkindern. Am besten ist es, wenn das Kind eine Bernsteinkette trägt.
- ◇ Der Stein wird sehr gern bei Beschwerden des Magens, der Milz und der Nieren angewandt. Er wirkt harmonisierend auf die Leberfunktionen.
- ◇ Der Stein hat einen heilsamen Einfluss auf Darmbeschwerden.
- ◇ Er unterstützt das gesamte Drüsensystem.
- ◇ Bei Rheumaschmerzen verschafft Bernstein Erleichterung.

Element
Feuer.

Astrologie
Krebs: Der Krebs gewinnt durch Bernstein Fröhlichkeit und bekommt den Mut, sein Schneckenhaus zu verlassen.
Zwilling: Bernstein schenkt den Zwillingen Wärme, sodass sie dem Leben entspannt entgegentreten können.

Persönliche Erfahrungen
Bernstein vermittelt wahrhaft ein sonniges Gemüt und eine unglaubliche Leichtigkeit. Gerade in Zeiten, in denen es drunter und drüber geht, nehmen wir alles mit einer heiteren Gelassenheit.

Bernstein

Kreativität ◇ Wärme

Bernstein bringt die Sonne ins Herz. Seine Fröhlichkeit wirkt ansteckend.
Er lässt uns positive Energie in die Welt tragen.

Die Botschaft des Bernsteins
Er bringt die Sonne in Ihr Herz. Von nun an gehen Sie gelassen und heiter in den Tag. Auch wenn die Situation aussichtslos erscheint, gibt der Stein Ihnen den Mut, weiterzumachen. Seine Fröhlichkeit wirkt ansteckend, tragen Sie die positive Energie in die Welt hinaus.

Liebe
Seien Sie fröhlich und unbeschwert und übertragen Sie dies auf Ihre Partnerschaft.

Glück
Je unbesorgter Sie im Jetzt sind, desto näher sind Sie Ihrem Glück.

Erfolg
Beobachten Sie sich selbst! Es lohnt sich nicht, sich zu ärgern. Finden Sie zu Ihrer Leichtigkeit.

Calcit

Herkunft

Mexiko, Brasilien, China.

Farbe

Weiß, rosa, gelb, grün, blau, braun, selten schwarz, durchscheinend bis opak.

Überlieferung

Der Name (Kalzit) wurde abgeleitet von Kalkstein, aus dem Griechischen *chalix = kleiner Stein*. Im Volksmund wird Calcit auch *Beinbruchstein* genannt. Schon früher fand der Stein seine Anerkennung bei Hautkrankheiten in der Heilkunde.

Fälschungen und Verwechslungen

Calcit kann mit Aragonit verwechselt werden. Oft wird der Stein gefärbt, um die eigentliche Farbe zu intensivieren.

Heil-Wirkungen

◇ Calcit steht für inneres Wachstum, er hilft besonders Kindern bei ihrer geistigen Entwicklung. Er erleichtert ihnen die Entwicklungsphasen. Rosa Calcit soll Kindern das Heimweh erleichtern.

◇ Die Energie des Steins lässt uns langsam den eigenen Wert erkennen. Calcit fördert die Gedächtniskraft.

◇ Der Stein gibt dem Leben neuen Schwung und somit neue Antriebskraft. Er unterstützt die eigene Standfestigkeit. Calcit füllt neue Ideen mit Leben und hilft, sie in die Tat umzusetzen.

◇ Der Stein wird zur Stärkung des Herz-Kreislauf-Systems verwendet und immer noch bei Hautkrankheiten eingesetzt. Der Calcit ist ideal bei Knochen- und Gelenkbeschwerden (»Beinbruchstein«).

Element

Luft.

Astrologie

Krebs: Der Krebs gewinnt neuen Lebensmut, die Dinge anzupacken, die anstehen. Er gewinnt durch Calcit Standhaftigkeit und stärkt seinen Selbstwert.
Steinbock: Er nimmt das Leben oft ernst. Calcit lässt den Steinbock erkennen, dass Entwicklung auch mit Leichtigkeit und Tiefgang umzusetzen ist.

Persönliche Erfahrungen

Calcit vermittelt ähnlich wie Bernstein ein positives Lebensgefühl, jedoch nicht in dieser Intensität. Die Beschwingtheit des Bernsteins weicht einem sanften Gefühl von Ruhe und Sicherheit. Es gibt Zeiten, in denen wir träge werden. Mit Calcit machen wir einen Sprung nach vorn. Der Stein vermittelt die Kraft, das Leben zu meistern.

Calcit

Lebensmut ◇ Wachstum

Ruhig und sicher lässt uns Calcit unsere Schritte machen.

Die Botschaft des Calcits

Der Stein lässt uns auf sanfte Weise unsere Schritte machen, geistig wie auch in der Realität. Seine Energie verleiht uns neuen Lebensmut. Er führt uns zu unseren Aufgaben und lässt uns Wege finden, diese umzusetzen.

Liebe

Lernen Sie, sich selbst zu schätzen, dann können Sie auch Ihre Herzenskraft ausdehnen. Es kommt ein Vielfaches an Liebe zu Ihnen zurück.

Glück

Folgen Sie Ihrer geistigen Entwicklung auch mit den Füßen, wie im Innern so im Außen.

Erfolg

Je feiner die geistige Entwicklung, desto besser können Sie die Situationen beurteilen und Sie werden die richtigen Entscheidungen treffen.

Chalcedon, blau gebändert

Herkunft
Namibia und China.

Farbe
Weißblau bis intensiv hellblau, mit wellenartigen hellen Bänderungen.

Überlieferung
Der Name Chalcedon ist von der griechischen Stadt Calchedon am Bosporus abgeleitet. Er war im Altertum besonders beliebt als Material für Gemmen. Man trug Chalcedon vor langer Zeit schon als Talisman gegen Schwächezustände, Schwermut und Unzufriedenheit. Hildegard von Bingen glaubte, der Stein entstünde bei Sonnenuntergang, wenn die Luft noch warm ist.

Fälschungen und Verwechslungen
Chalcedon wird wie Achat in grellen Farben wie intensives Rot und Grün gefärbt.

Heil-Wirkungen
◇ Chalcedon vermittelt seinem Träger Leichtigkeit und Offenheit gegenüber den Mitmenschen. Seine sanfte Ausstrahlung beruhigt und lässt uns weniger empfindlich sein. Chalcedon stärkt den Selbstausdruck, ohne sich in den Vordergrund zu spielen. Bei vielen ist er bekannt als Stein der Redner. Chalcedon stärkt den Hals- und Kehlkopfbereich und wird somit bei allen Krankheiten in diesem Bereich eingesetzt. Er formt den sprachlichen Ausdruck. Schon Hildegard von Bingen glaubte an die »Redekunst« des Steins: »...wer ihn anhauche und mit der Zunge berühre, werde beredsam. Er schütze vor Zorn und verleihe einen ruhigen, verträglichen Sinn.« Durch die Unterstützung im kommunikativen Bereich hilft Chalcedon, Streit zu vermeiden.

◇ Er regt die Körperflüssigkeiten an und wirkt unterstützend beim Milcheinschuss nach der Entbindung.

◇ Er wird auch bei Melancholie eingesetzt, die einer ruhigen Gelassenheit weicht.

Element
Luft.

Astrologie
Krebs: Chalcedon veranlasst den scheuen Krebs, seine Bedürfnisse zu äußern.
Zwilling: Der Zwilling gewinnt durch den Stein Gelassenheit. Die Kommunikation mit seiner inneren Stimme stellt sich ein. Der Stein lässt ihn seine Erfahrungen klar nach außen tragen.
Schütze: Der Schütze, der oft die Maske des Fröhlichen trägt, wird durch Chalcedon veranlasst innezuhalten. Er stellt sich der inneren Wahrheit und kann seine Erkenntnisse klar äußern.

Chalcedon

Lebendiger Ausdruck

Chalcedon ist der Stein der Redner.

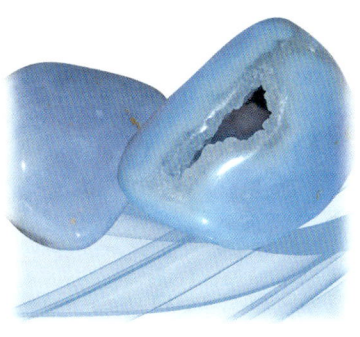

Persönliche Erfahrungen
Bei Vorträgen unterstützte der Stein uns schon oft in einer klaren lebendigen Ausdrucksweise. Der Stein, möglichst als Kette direkt am Hals getragen, heilt jede Halsentzündung in kurzer Zeit, wenn Sie zusätzlich drei mal am Tag mit Myrrhe gurgeln (7 Tropfen auf ein Gas lauwarmes Wasser).

Die Botschaft des Chalcedons
Der Stein vermittelt Leichtigkeit im kommunikativen Bereich. Er verhindert aggressives Reden und stärkt den Selbstausdruck auf sanfte Art und Weise.

Liebe
Liebe braucht Kommunikation und Lebendigkeit.

Glück
Vertrauen Sie Ihrem Selbst und bringen Sie sich im richtigen Moment ein.

Erfolg
Äußern Sie klar und direkt, was Sie wollen, und der Erfolg ist Ihnen sicher.

Citrin

Herkunft

USA, Brasilien, Madagaskar, Russland.

Farbe

Einfarbig hellgelb über sonnengelb bis hellbraun, transparent.

Überlieferung

Der Name Citrin wird abgeleitet von der zitronengelben Farbe im Mineral. Im Mittelalter wurde Citrin mit verschiedenen Namen belegt: Indischer Topas, Pseudotopas oder spanischer Topas. Er wurde irreführender Weise auch Goldtopas genannt, es kam zu Verwechslungen mit dem »richtigen« Goldtopas.

Fälschungen und Verwechslungen

Wegen der Seltenheit von Naturcitrin sind viele Fälschungen auf dem Markt, unter anderem gebrannter Amethyst. Oftmals ist es nur durch mineralogische Untersuchungen möglich, die Echtheit zu bestimmen. Einfacher ist es bei Bruchstücken von Kristallteppichen. Diese kommen bei Citrin nicht vor.

Heil-Wirkungen

⬦ Citrin stärkt auf sanfte und liebevolle Art und Weise unseren Selbstwert. Nach und nach werden uns alte Muster oder verdrängte Situationen und Bilder bewusst gemacht und verarbeitet. Es fällt uns leicht, uns von dem zu lösen, was nicht mehr in unser Leben passt. Der Stein bringt uns die Lebensfreude zurück, selbst in depressiven Phasen. Citrin fördert den Lebensmut.

⬦ Der Edelstein wärmt und stärkt die Nerven. Citrin ist der Stein für den Bauchraum. Er stärkt die Aufgabe der Bauchspeicheldrüse und der Milz, dadurch wird Citrin im Anfangsstadium von Diabetes eingesetzt.

⬦ Bei Magenbeschwerden soll Citrin eine beruhigende Wirkung haben. Kurzzeitig können sich die Schmerzen verschlimmern, danach tritt Linderung ein.

Element
Luft.

Astrologie
Löwe: Der Citrin stärkt den Löwen in seinem ohnehin schon starken Selbstvertrauen, lässt ihn aber auch seine Schwächen ansehen und wandeln, die der Löwe eigentlich gern verdrängt.
Zwilling: Trägt der Zwilling Citrin, wird seine Gefühlswelt klarer.
Jungfrau: Der Stein weicht das Rationale der Jungfrau auf und gibt ihr Weitblick.

Persönliche Erfahrungen
Tragen wir Citrin, nehmen wir eine »königliche Haltung« an. Wir sind uns unseres Selbstwertes bewusst. Ganz gleich vor welchem Problem wir stehen, wir wissen, dass wir es meistern können. Das gibt uns ein sicheres Gefühl im alltäglichen Leben. Wir tragen stets eine positive Grundeinstellung in uns.

Citrin
Stärkung des Selbstwertes

Auf liebevolle und sanfte Art führt der Stein uns zu einem starken Selbstbewusstsein.

Die Botschaft des Citrins
Auf liebevolle und sanfte Art führt der Stein Sie zu einem starken Selbstwert. Er hilft Ihnen, verdrängte Emotionen aus der Vergangenheit zu verarbeiten, sodass Sie von nun an in der Gegenwart leben.

Liebe
Üben Sie den lebendigen, liebevollen Austausch mit Ihrem Gegenüber.

Glück
Befreien Sie sich von der Vergangenheit, leben Sie Ihr Glück im Augenblick.

Erfolg
Gehen Sie gelassen und mit großer Zuversicht an Ihre Wünsche und Ziele, der Erfolg stellt sich ein.

Diamant

Herkunft

Indien, Südafrika, Brasilien, Sibirien, Australien.

Farbe

Am wertvollsten ist er farblos und klar, bisweilen auch leicht gelblich. Geschliffen heißt er Brillant. Rohdiamanten sind meist opak, hell bis dunkelgelb, weißlich, grau, braun.

Überlieferung

Aus dem Griechischen hat der Stein seinen Namen: *adamas = der Unbezwingbare*. Dies ist ein Hinweis auf den Härtegrad. Die Inder bezeichneten ihn als »Bruchstück der Ewigkeit«.

Fälschungen und Verwechslungen

Da Diamant der wohl begehrteste Edelstein ist, gibt es viele Fälschungen, z. B. aus Bleiglas, synthetischen Steinen und Zirkon.

Heil-Wirkungen

⬦ Der Diamant steht für Klarheit und geistige Freiheit. Er unterstützt das logische Denken. Der Stein stärkt den Charakter und wir gehen in die Eigenverantwortung. Selbstbestimmt nimmt er das Zepter unseres Lebens in die Hand.

⬦ Diamant zu tragen, setzt die Bereitschaft voraus, sich die »Leichen im Keller« anzusehen. Er leuchtet auch den letzten Winkel unseres Innenlebens aus. Sind wir für diese innere Reise offen, so gehen wir vollkommen geläutert daraus hervor.

⬦ Hildegard von Bingen verwandte schon den Diamanten: Längere Zeit unter die Zunge gelegt, sollte er Heißhunger stillen und somit das Fasten erleichtern. Des Weiteren setzte sie den Stein bei Besessenheit ein. Sie glaubte, die Stärke des Steines würde sogar dem Teufel standhalten.

⬦ Generell wirkt der Diamant klärend und reinigend. Er wird somit bei allen Nervenkrankheiten eingesetzt.

⬦ Gleichgewichtsstörungen können durch ihn behoben werden.

Elemente
Luft und Feuer.

Astrologie
Widder: Der Stein konfrontiert ihn mit seinen Schattenseiten und hilft ihm, sie zu verarbeiten. Der Widder erreicht so sein höchstes Potential.

Löwe: Selbstdarstellungen und Machtgehabe werden dem Löwen unwichtig. Der Löwe stellt sich in den Dienst von etwas Höherem und reift zu wahrer Größe.

Steinbock: Der Steinbock wird durch das Tragen eines Diamanten zum Licht für andere. Er strahlt Mut und innere Stärke aus.

Diamant
geistige Freiheit ⋄ Licht

Diamant fordert Klarheit und Ehrlichkeit uns selbst gegenüber. Er schenkt uns Charakterstärke.

Persönliche Erfahrungen
Wenn die »Kiste« der verdrängten Erlebnisse aufspringt, bedarf es Mut und Ehrlichkeit mit sich selbst, hinzusehen, zu verarbeiten und loszulassen. Ein grenzenloses Gefühl von Befreiung stellt sich ein.

Die Botschaft des Diamanten
Seine Energie gibt geistige Freiheit. Er räumt mit der Vergangenheit auf. Mit der neugewonnenen Klarheit, die der Stein vermittelt, sind Sie ein Licht für andere.

Liebe
Mittels geistiger Freiheit kann wahre Liebe gelebt werden.

Glück
Klarheit und Charakterstärke sind Voraussetzung für das große Glück.

Erfolg
Seien Sie unbezwingbar wie der Diamant, ohne Druck auszuüben.

Dolomit

Herkunft

Schweiz, Österreich, USA und Brasilien.

Farbe

Cremefarben bis farblos, weiß, rötlich bis bräunlich, braun, mit hellen Einlagerungen. Es sieht aus, als wären die bräunlichen Steine in Schichten gewachsen, abwechselnd hell und dunkel.

Überlieferung

Der Dolomit wurde nach seinem Entdecker Déodat de Dolomieu benannt.

Fälschungen und Verwechslungen

Verwechslungen kann es mit Calcit, Magnesit und Aragonit geben. Fälschungen sind nicht bekannt.

Heil-Wirkungen

✧ Dolomit gibt Ruhe und stärkt unsere Erdung. Obwohl beide Beine fest auf dem Boden stehen, birgt die Energie des Steins eine spielerische, fast kindliche Seite in sich. So stellt sich ein Gefühl der Leichtigkeit ein. Er unterstützt mit Mut und Ausdauer die Aufgaben, die zu erledigen sind. Es ist kein leichtsinniger Heldenmut, durch den man angetrieben wird, eher das Wissen: Ganz gleich, was ansteht, man schafft es mit Leichtigkeit. Durch das Urvertrauen, das der Stein schenkt, wird Gelassenheit ein Teil des Selbst.

✧ Dolomit gleicht extreme Stimmungsschwankungen aus und fördert somit die Entspannung. Er stabilisiert das Herz und den Kreislauf.

✧ Er soll bei der Heilung von Magen- und Darmbeschwerden förderlich sein. Zur Unterstützung kann »Dolomit-Wasser« getrunken werden. Einfach einige Steine des Dolomits in einen Krug mit Leitungswasser legen. Der Stein wirkt basisch auf den Körper, da er ein Zuviel an Säure ausgleicht.

✧ Dolomit kann uns beim Fasten und Entschlacken unterstützen.

Elemente

Erde und Luft.

Astrologie

Schütze: Dolomit hilft dem kreativen Schützen, seine Pläne nicht nur im Geiste durchzuspielen, sondern sie wirklich umzusetzen.

Jungfrau: Der Stein verhilft der »verkopften« Jungfrau zu mehr Leichtigkeit und spielerischem Umgang mit den verschiedenen Möglichkeiten.

Persönliche Erfahrungen

Wir spüren sofort die Ruhe, die er ausstrahlt. Durch die Leichtigkeit, die der Stein auch vermittelt, geht uns alles schnell von der Hand, ohne das Gefühl von Hektik. Der Stein weckt in uns eine kindliche Neugierde. Er wirkt unterstützend beim Abnehmen, da er die eigenen inneren Standpunkte stärkt. So müssen wir diese nicht mehr durch überflüssige Pfunde demonstrieren.

Die Botschaft des Dolomits

Urvertrauen gepaart mit Leichtigkeit ist seine Energie. Er schenkt Ihnen Mut und Ausdauer. Der Stein entspannt Körper, Geist und Seele.

Liebe

Vertrauen ist die Basis jeder Beziehung!

Glück

Erspüren Sie in sich das Urvertrauen und Leben Sie in dem Wissen: Sie haben immer Glück.

Erfolg

Nehmen Sie das Leben weniger ernst! Gehen Sie spielerisch mit Ihren beruflichen Möglichkeiten um.

Dolomit

Erdung ⬦ Ausdauer

Dolomit entspannt Körper, Geist und Seele.

Dumortierit

Herkunft

Afrika und Madagaskar.

Farbe

Meist ist der Stein blau bis schwarzblau, aber auch grau, grün, braun bis rötlich braun und von dunklen Flecken und Schlieren gezeichnet.

Überlieferung

Dumortierit erhielt seinen Namen nach dem französischen Paläontologen Eugene Dumortier.

Fälschungen und Verwechslungen

Im Handel sind keine Verwechslungen oder Fälschungen bekannt.

Heil-Wirkungen

⋄ Dumortierit ist bei vielen mittlerweile als der »Take it easy«-Stein bekannt. Wie die englische Bezeichnung schon ausdrückt, vermittelt er Leichtigkeit und ein beschwingtes Lebensgefühl. Der Hintergrund ist allerdings ein anderer als bei Bernstein und Calcit. Der Stein durchdringt uns mit seiner Energie, sodass wir uns über nichts mehr aufregen. Wir betrachten die Situationen aus einem anderen Blickwinkel. Wir tragen das Wissen in uns, dass es sich nicht lohnt, Zeit mit Ärger oder Ängsten zu verbringen. Aus der positiven Stimmung heraus gibt uns Dumortierit den Mut, neue Wege zu beschreiten.

⋄ Zwanghafte Verhaltensmuster können gelöst werden, deshalb wird der Stein gern bei Suchttherapien aller Art eingesetzt.

⋄ Er stärkt die Nerven und lindert nervöse Kopfschmerzen.

⋄ Nach Strahlungsschäden wird er zur Unterstützung beim Entgiften eingesetzt.

⋄ Dumortierit beruhigt nervöse Hautreizungen.

⋄ Des Weiteren wird er bei Erkrankungen des Verdauungstraktes verwendet. Er hilft bei Durchfällen, Krämpfen und wirkt lindernd bei Übelkeit.

⋄ Dumortierit entspannt den gesamten Körper.

Element
Luft.

Astrologie
Krebs: In seinen Emotionen gefangen, verleiht er dem Krebs Leichtigkeit.
Steinbock: Dumortierit lässt ihn seine Verhaltensmuster erkennen und neue Wege gehen.

Persönliche Erfahrungen
In Situationen, die scheinbar Ängste, Wut oder Ärgernis auslösen müssten, werden wir sehr schnell von einer Leichtigkeit beseelt, sowie wir den Stein tragen. Gerade bei alltäglichen Sorgen wie Geld-, Arbeits- oder Partnerschaftsproblemen lässt das Tragen des Steins eine neue entspannte Sichtweise zu. Sie agieren statt zu reagieren.

Dumortierit
Gelassenheit ◇ neue Wege
Dumortierit vermittelt ein entspanntes Lebensgefühl.

Die Botschaft des Dumortierits
Nehmen Sie das Leben von der leichten Seite. Lachen Sie über die Unzulänglichkeiten, die Ihnen widerfahren. Aus der Ruhe kommt die Kraft. Füllen Sie Ihre Zeit mit schönen Dingen. Auch, wenn die Situation ausweglos erscheint, öffnet sich immer eine Tür mit ungeahnten Möglichkeiten.

Liebe
Lernen Sie, Schicksalsschläge liebevoll anzunehmen. Betrachten Sie die Situation von der positiven Seite aus.

Glück
Bleiben Sie in Ihrer Mitte. »Ein gutes Gewissen ist ein sanftes Ruhekissen.«

Erfolg
Mit Mut und Urvertrauen zur Lebenserfahrung stellt sich der Erfolg ein. Hadern Sie nicht mit dem Schicksal.

Feueropal

Herkunft
Mexiko, USA, Kasachstan, Ukraine, Türkei.

Farbe
Orange bis feuerrot, mit »opalisierendem« Farbenspiel – oft grünlich.

Überlieferung
Der Name Opal stammt aus dem Lateinischen: *upala = Edelstein.* Das Wort Feuer ergibt sich aus der orange-roten Farbe. Aus Indien ist überliefert: Die Götter Brahma, Wischnu und Schiwa waren um eine Diva entbrannt. Der Ewige war erzürnt und verwandelte die Schönheit in ein Nebelgebilde. Um sie dennoch im Nebel zu finden, verlieh jeder der göttlichen Liebhaber ihr eine Farbe: Brahma sein herrliches Blau, Wischnu den Glanz des Goldes und Schiwa ein leuchtendes Rot. Doch das zarte Gebilde wurde vom Wind zerzaust, bis es den Ewigen erbarmte. Er verwandelte es in einen Stein, den irisierenden Opal, der in sich die Farbenpracht aller Steine vereinigt.

Fälschungen und Verwechslungen
Manchmal sind Glasimitationen im Handel, auch hier gilt: kaufen Sie nur im Fachhandel mit kompetenter Beratung. Feueropal kann hin und wieder mit Karneol verwechselt werden.

Heil-Wirkungen
◇ Wie alle roten Steine entfacht der Feueropal die Leidenschaft. Der Stein macht im wahrsten Sinne des Wortes feurig, er stärkt den Spaß an der Sexualität. Wer ihn trägt, spürt die Kraft, die von ihm ausgeht.
◇ Wir haben einen unerschöpflichen Tatendrang. Unser Wille wird gestärkt und unser Handeln impulsiver. Schnell lässt die Energie des Steines uns für etwas Neues begeistern. Wir sehen das Leben unglaublich entspannt. Die Energie wird mit dem Tragen des Steins sofort angehoben.
◇ Feueropal regt die Hormonproduktion an und ist deshalb zur Förderung der Fruchtbarkeit sehr geschätzt.

Element

Feuer.

Astrologie

Widder: Der Widder weiß zwar, dass es einen Weg geben muss, aber in der Umsetzung hat er Schwierigkeiten. Feueropal verleiht ihm Begeisterung für sein Vorhaben und dadurch Spontaneität im Handeln.

Persönliche Erfahrungen

Feueropal lässt uns mit unglaublicher Energie durch das Leben wirbeln. Wir sollten den Stein nur ein paar Tage tragen, da wir sonst über unsere Grenzen gehen. Achten wir nicht darauf, reagiert der Körper z. B. mit einer Erkältung, um uns zum Ausruhen zu zwingen. Wir legen den Stein nachts ab, da wir sonst wenig und unruhig schlafen. Eine Feueropalkette, drei bis vier Tage vor der Mensis getragen, kann einen Migräneanfall verhindern.

Die Botschaft des Feueropals

Begeisterung auf ganzer Linie! Er lässt Sie spontan entscheiden und handeln. Der Stein vermittelt Ihnen: Das Leben ist ein Spiel. Er unterstützt Sie bei jeglichem Vorhaben mit Mut, Freude und Willensstärke.

Liebe

Leidenschaft und Impulsivität sind manchmal erforderlich, um neuen Schwung in eine Beziehung zu bringen.

Glück

Folgen Sie mit Begeisterung Ihrem Herzen.

Erfolg

Leben Sie Ihr eigenes Energiepotential. Fördern Sie Ihre eigene Lebenskraft.

Feueropal

Leidenschaft ◇ Spontaneität

Feueropal lässt uns mit unglaublicher Energie durchs Leben wirbeln. Begeisterung auf ganzer Linie!

Fluorit

Herkunft
China und Nordamerika.

Farbe
Durchscheinend, rosa bis violett, grün, blaugrün, gelb, braun, auch farblos. Die Farben können blass, aber auch sehr intensiv sein.

Überlieferung
Der Name leitet sich von dem Lateinischen *fluere = fließen* ab. Früher wurde Fluorit auch Flussspat, Wolfssalz und Würfelspat genannt.

Fälschungen und Verwechslungen
Fluorit selbst wird nicht gefälscht. In geschliffener, facettierter Form wird er manchmal fälschlicher Weise als Smaragd (grüner Fluorit) oder als Topas (gelber Fluorit) angeboten.

Heil-Wirkungen
- ✧ Fluorit ist der Stein, um starke Blockaden zu lösen. Er lässt uns erkennen, was wir wollen und so übernehmen wir die Führung in unserem Leben.
- ✧ Der Stein macht kompromisslos. Wir sehen ganz klar unsere eigenen Bedürfnisse und sind nicht länger bereit,»faule« Kompromisse, um des lieben Frieden willens, einzugehen. Diese geistige Klarheit schärft unser Unterscheidungsvermögen und gibt uns Mut zum Handeln.
- ✧ Fluorit unterstützt die Wahrnehmung einer höheren Wirklichkeit. Er ist ein fantastischer Lern- und Konzentrationsstein. Der Stein schafft Ordnung im Innen wie im Außen.
- ✧ Rudolf Steiner empfahl Fluorit für den Knochenaufbau, besonders bei Kindern. Die Zähne werden durch den Stein gestärkt. Mit Hilfe von Fluorit können arthritische Beschwerden gelindert werden.
- ✧ Er wird auch bei diffusen Ängsten eingesetzt.

Element
Luft.

Astrologie

Wassermann: Fluorit schenkt dem Wassermann Klarheit über seine Ängste und Träume.

Skorpion: Der Stein verleiht dem Sternzeichen innere Stärke. Er lässt ihn alte Verhaltensmuster erkennen und verändern.

Persönliche Erfahrungen

Wir verspüren großen Tatendrang. Manchmal werden wir trotzig und machen alles anders. Das ist nicht immer das Richtige, aber es tut gut, das zu tun, was wir möchten. Wir sind dann in der Lage, uns unsere Anerkennung selbst zu geben. Ganz wichtig ist, dass wir uns fragen, was wir wollen, wenn jemand etwas von uns möchte. Reinigen Sie den Stein öfter unter fließendem Wasser. Achten Sie darauf, dass der Stein unter der Bekleidung getragen wird. Der Stein zerbricht sehr leicht.

Fluorit

Ordnung ◇ Struktur

Die starke Energie des Fluorits lässt uns enormen Tatendrang verspüren. Und immer taucht die Frage auf: »Was will ich?«

Die Botschaft des Fluorits

Er bringt neue Energie, nutzen Sie diese, um Ordnung und Struktur in Ihr Leben zu bringen. Er wird Sie immer wieder zu der Frage veranlassen: Was will ich?

Liebe

Finden Sie Ihren Weg, nur dann ist ein Wir möglich!

Glück

Jeder ist seines Glückes Schmied, folgen Sie Ihrem Weg, so stellt sich das Glück von selbst ein.

Erfolg

Ablenkungen hindern die Kreativität. Lassen Sie sich nicht beirren. Setzen Sie Ihre feingeistige Denkweise ein, um Klarheit zu schaffen.

Granat

Herkunft

Russland, USA, Mexiko, Alpen, Argentinien, Afrika, Asien, Australien, Brasilien, Madagaskar, Alaska, Skandinavien und Österreich. Die Fundorte sind so zahlreich, weil es so viele verschiedene Arten gibt.

Farbe

Hellrot, blutrot, braunrot, braun, schwarzrot bis schwarz, honiggelb bis gelbbraun, dunkelgrün bis leuchtend grün.

Überlieferung

Im Mittelalter wurde Granat neben Rubin Karfunkel genannt. Über die Namensgebung herrscht keine einhellige Meinung. Der Name kann abgeleitet sein vom lateinischen Namen: *granatus = Saat*, da seine Farbe der des Granatapfelsamens ähnelt oder lateinisch: *granum = Korn*, abgeleitet von der Kristallform.

Fälschungen und Verwechslungen

Geschliffen können Granate mit ähnlich farbigen Mineralien verwechselt werden. Im Rohzustand sind sie gut zu unterscheiden. Auf dem Markt gibt es jede Menge Dubletten. Der Stein hat eine dünne Schicht des Minerals, der Rest ist Glas.

Heil-Wirkungen

✧ Granat wird in allen Lebenskrisen gerne eingesetzt. Interessant ist, dass in Nachkriegsjahren immer Granatschmuck modern war. Die Traurigkeit weicht einem Überlebenswillen. Er unterstützt die Ablösung von der Vergangenheit, um im Jetzt zu leben. Er stärkt die Dynamik und gibt neuen Lebensmut. Der Stein schenkt Vertrauen in die eigenen Stärken und Durchhaltevermögen. Er stärkt den Selbstwert und verhilft zu einem ruhigen Schlaf.

✧ Der Stein erweitert unseren Blickwinkel, sodass wir auch die anderen wahrnehmen.

✧ Granat wirkt anregend und baut Hemmungen ab. Er wird gern bei Männern mit Potenzproblemen eingesetzt. Der Stein regt den Stoffwechsel an.

Elemente
Feuer und Erde.

Astrologie
Widder: Granat schenkt dem Widder Ausdauer und das Durchhaltevermögen, seine Projekte zu Ende zu bringen.
Skorpion: Der Stein wirft den Skorpion auf sich selbst zurück. Er sieht die eigenen Unzulänglichkeiten und bekommt ein besseres Gespür für andere.

Persönliche Erfahrungen
Wenn wir das Gefühl haben, alles bricht über uns zusammen, sollten wir Granat tragen. Er gibt uns den Lichtschimmer am Horizont. Wir fühlen uns von innen heraus gestärkt und motiviert. Unsere Verzweiflung weicht einem starken Vertrauen, dass wir es schaffen.

Granat
Krisenbewältigung

Wenn wir das Gefühl haben, alles bricht über uns zusammen, hilft uns der Granat. Er zeigt uns den Lichtschimmer am Horizont.

Die Botschaft des Granats
Er ist der klassische Krisenstein. Seine Energie gibt Mut und Kraft, Geduld und Ausdauer. Er treibt Sie an, nicht aufzugeben. Er wandelt Eifersucht in Loslassen, Wut in Ausgeglichenheit und Antriebsschwäche in Dynamik.

Liebe
Der Granat fördert die Vorstellungskraft. Lösen Sie sich von alten Verhaltensmustern. Lassen Sie sich auf etwas Neues ein.

Glück
Achten Sie die Wünsche und Rechte anderer, um Lebensglück und Begeisterung zu erleben.

Erfolg
Lassen Sie sich vom Funken der eigenen Leidenschaft anspornen und stecken Sie andere damit an.

Heliotrop

Herkunft
USA, Afrika und Indien.

Farbe
Grün bis dunkelgrün mit roten Einschlüssen bzw. Punkten.

Überlieferung
Der Name ist aus dem Griechischen abgeleitet: *heliou tropai* = *Sonnenwende*. Heliotrop heißt Sonnenwendstein. Er wird auch Blutjaspis und Hildegard-stein genannt. Der Naturforscher Albertus Magnus (1193–1280) hielt den Blutjaspis für das beste Mittel, um Fieber zu senken. Hildegard von Bingen empfahl ihn bei Ohrenschmerzen und Schnupfen, Gicht und schweren Geburten.

Fälschungen und Verwechslungen
Unter den geschliffenen Schmucksteinen können Glasimitationen sein. Lassen Sie die Steine untersuchen und deren Echtheit bestätigen.

Heil-Wirkungen
✧ Heliotrop hilft, sich abzugrenzen, dies gilt gleichermaßen für den privaten als auch den beruflichen Bereich. Wir sind wieder mehr bei uns. Er »zieht« einen unsichtbaren Schutzring um uns, sodass wir die vielen Eindrücke des Tages wertfrei vor uns stehen lassen können.

✧ Auch in chaotischen Lebenslagen lässt uns der Stein die Fassung bewahren und ruhig handeln. Der Stein bewirkt, dass Sie die Situation im Griff haben.

✧ Heliotrop wirkt anregend. Er fördert die Geduld und beruhigt bei Aggressionen und nervösen Beschwerden.

✧ Heliotrop regt die Reinigung im Körper an. Er wirkt also unterstützend beim Entgiften und erleichtert das Fasten.

✧ Noch heute hilft Heliotrop bei Erkältungskrankheiten. Er ist die erste Wahl im Anfangsstadium der Erkrankung. Tragen Sie den Stein möglichst auf der Thymusdrüse.

Element
Erde und Feuer.

Astrologie
Jungfrau: Heliotrop lässt die Jungfrau ihre eigenen Stärken, aber auch Schwächen sehen, sie annehmen und wandeln.
Waage: Die Waage möchte es jedem Recht machen. Heliotrop verschafft der Waage eine natürliche Abgrenzung, ohne den anderen zu verletzen. Der Stein hilft ihr, aus sich heraus glücklich zu sein.

Heliotrop
Abgrenzung ◇ Schutz

Der Stein befreit uns aus Abhängigkeiten. Heliotrop gibt Zuversicht.

Persönliche Erfahrungen
Oft sind wir darauf bedacht, es dem Partner recht zu machen. Wir achten nicht auf unsere Bedürfnisse. Die Energie des Steins verbindet unsere Wünsche mit denen des Partners und wir schaffen etwas Neues. Bahnt sich eine Erkältung an, ist Heliotrop der richtige Stein. Er wird ganz heiß, als würde er die Infektion in sich aufnehmen.

Die Botschaft des Heliotrops
Abgrenzung ist sein Thema. Der Stein gibt Ihnen Schutz und Zuversicht. Er lässt die Müdigkeit verfliegen. Durch seine Energie stellt sich Ruhe und Besonnenheit ein.

Liebe
Bleiben Sie bei sich, seien Sie authentisch. Nur dann sieht Ihr/Ihre Partner/in, wie Sie wirklich sind.

Glück
Glück hat, wer seine Schwächen in Stärken wandelt.

Erfolg
Hören Sie nicht auf andere. Gehen Sie Ihren eigenen Weg.

Jadeit

Burma, China und Russland.

Farbe

Grün, weiß, gelb, braun, rötlich und violett.

Überlieferung

Unter der ursprünglichen Bezeichnung Jade »steckten« eigentlich, wie zu Beginn des 19. Jahrhunderts festgestellt wurde, drei unterschiedliche Mineralien: Jadeit, Nephrit und Chloromelanit. Der Name Jade entstammt dem Spanischen: *pietra de ijada* = *Lendenstein*. Die Indianer nutzen diesen Stein bei Nierenkrankheiten, daher auch der Name Nierenstein.

Fälschungen und Verwechslungen

Verwechslungen kann es unter anderem mit Nephrit, Chloromelanit, Granat Grossular und Serpentin geben. Fälschungen gibt es aus Glas oder Dubletten.

Heil-Wirkungen

◇ Jadeit weist Ähnlichkeiten mit Dolomit auf, nur das Jadeit die »Bodenhaftung« fehlt. Der Stein lässt uns spielerisch durch das Leben tanzen. Er wirkt ausgleichend auf Körper, Geist und Seele. Bei Müdigkeit wirkt er anregend, bei Stress und Hektik »verordnet« er uns die nötigen Erholungsphasen.

◇ Der Stein verhilft zu geistiger Klarheit. Ist es an der Zeit, lässt er uns handeln. Er schenkt heilsamen Schlaf.

◇ Auf der körperlichen Ebene unterstützt Jadeit noch immer die Nierenfunktion. Er regt den Körper an, Gifte schneller auszuscheiden. Das Tragen von Jadeit regt die Flüssigkeitszufuhr an: Das Bedürfnis zu trinken steigt. Es wirkt sich positiv auf den gesamten Körper aus, nicht nur auf die Nieren. Jadeit fördert die Fruchtbarkeit.

◇ In China wird Jadeit geschätzt, da er die fünf Tugenden unterstützen soll: Bescheidenheit, Gerechtigkeit, Gnade, Mut und Weisheit.

Elemente

Luft.

Astrologie

Fische: Jadeit schenkt dem Fisch Gelassenheit. Er unterstützt ihn darin, seinem Herzen zu folgen.

Waage: Der Stein hilft der Waage, spielerisch durch die Welt zu gehen. Trotzdem wird er sich und den anderen gerecht.

Krebs: Jadeit hat eine ausgleichende Wirkung auf seine emotionale Welt. Der gefühlsbetonte Krebs erhält Klarheit.

Jadeit

Ausgleich ◇ Beschwingtheit

Seine Energie verhilft uns zu spielerischem Umgang mit dem Leben.

Persönliche Erfahrungen

Jadeit vermittelt uns Leichtigkeit, bei klarem Verstand. Das Leben scheint uns einfach zu sein. Manchmal bemerken wir, dass uns die »Bodenhaftung« fehlt. Aber es tut gut, die Schwere des Alltags abzuschütteln. Jadeit lässt uns die Schönheit der Natur entdecken.

Die Botschaft des Jadeits

Seine Energie versprüht Leichtigkeit und spielerischen Umgang mit den Möglichkeiten des Lebens. Er unterstützt den Verstand mit Klarheit und schenkt innere Ruhe.

Liebe

Lassen Sie sich nicht von Ängsten ins Bockshorn jagen, fühlen Sie die Leichtigkeit in Ihnen und leben Sie diese aus.

Glück

Bleiben Sie zuversichtlich. Der Tanz des Lebens hat gerade erst begonnen.

Erfolg

Klären Sie Ihre Gedanken. Treffen Sie mutige Entscheidungen und handeln Sie weise.

Jaspis, rot

Herkunft
Südafrika und Mexiko.

Farbe
Rot, braun, rostrot, manchmal mit hellen oder grauen Bänderungen oder Flecken. Zu rotem Jaspis zählt auch der rote Brekzienjaspis.

Überlieferung
Der Name des Steins stammt ursprünglich vom Assyrischen: *aschpu*. Über das Hebräische kam die Bezeichnung zum Griechischen: *iaspis = gesprenkelt*. Das passt besonders zu Leopardenfell-, Augen- und Brekzienjaspis.

Fälschungen und Verwechslungen
Fälschungen von Jaspis sind nicht bekannt. Der Stein wird eher selbst gefärbt und z. B. als Lapislazuli verkauft. Wenn man sich mit den Steinen auskennt, sind sie ohne mineralogische Untersuchung zu unterscheiden. Der Laie verwechselt leicht Achat oder Chalcedon mit dem vielfältigen Jaspis.

Heil-Wirkungen
- Roter Jaspis steht ganz klar für Mut zum Handeln. Durch diese Eigenschaft hilft er, die eigenen Ideen in die Tat umzusetzen. Der Stein stärkt die Willenskraft und gibt uns Erdung. Durch die Energie des Steines nehmen wir liegengebliebene Aufgaben in Angriff.
- Jaspis überträgt sein Feuer anders als der Feueropal auf uns. Er lässt uns nicht leidenschaftlich feurig werden, sondern kraftvoll, zäh und ausdauernd. Nach Erledigung unserer Aufgaben fühlen wir uns gestärkt und zufrieden.
- Jaspis lässt uns ehrlich mit anderen und uns selbst umgehen. Durch ihn finden wir zu unseren Standpunkten. Wir werden uneigennützig und bescheiden.
- Seine Energie regt unseren Kreislauf und Energiefluss im Körper an. Er wirkt ausgleichend bei zu niedrigem Blutdruck.

Elemente

Erde und Feuer.

Astrologie

Widder: Roter Jaspis fügt dem Feuer des Widders Mitgefühl und Geduld hinzu.
Skorpion: Der tiefgründige Skorpion fühlt sich durch die Erdung, die der Stein ausstrahlt, kraftvoll, geborgen und beschützt.
Krebs: Der verträumte Krebs wird durch den Stein mit Ausdauer und Realitätssinn belohnt.

Persönliche Erfahrungen

Mit Ruhe und Ausdauer erledigen wir

Jaspis

Mut zum Handeln ◇ Tatkraft

Jaspis trägt uns sicher durch den Alltag. Er gibt uns Kraft und Ausdauer, Gelassenheit und Ruhe.

unsere anstehenden Aufgaben. Auch wenn der Stein uns kraftvolle Energie schenkt, so sind wir doch gelassen und souverän.

Die Botschaft des roten Jaspis

Er gibt Ihnen Kraft und Ausdauer, aber auch Gelassenheit und Ruhe. Er weckt die kriegerische Natur in Ihnen, nicht um zu kämpfen oder streiten, sondern, um endlich ins Handeln zu kommen. Erst wenn Ihre Aufgaben erfüllt sind, gibt er Ihnen ein zufriedenes Gefühl.

Liebe

Manchmal bedarf es Mut in der Partnerschaft, festgefahrene Situationen anzupacken. Vertrauen Sie darauf, dass Sie gestärkt daraus hervorgehen.

Glück

Je mehr Sie Ihren Kreislauf in Schwung bringen, desto besser arbeiten die Drüsen und dem Glücksgefühl steht nichts mehr im Wege.

Erfolg

Mit Mut und Willenskraft erreichen Sie die ersehnte Anerkennung.

Karneol

Herkunft

Indien, Uruguay und Botswana.

Farbe

Gelb, orange, rot, braun. Meist mit hellen, fast weißen Bänderungen oder Flecken.

Überlieferung

Der Name des Steins kommt aus dem Lateinischen: *carneolus = fleischfarben*. Schon im Mittelalter wurde Karneol allgemein zum Blutstillen verwendet.

Fälschungen und Verwechslungen

Karneol kann mit rotem Calcit und Feueropal verwechselt werden. Da orangefarbener Karneol wegen der schönen Färbung ein sehr begehrter Stein ist, wird gelber Karneol gerne eingefärbt. Achat und Chalcedon werden ebenso gefärbt und als Karneol verkauft. Die orangefarbenen und roten Karneole auf dem Markt sind meistens eingefärbte Steine.

Heil-Wirkungen

◈ Der Karneol verbindet die Schönheit mit der Kraft der Erde. So hilft der Stein, sich besser erden zu können. Deshalb steht er auch für Standfestigkeit. Er sorgt für mehr Mut und fördert den Entdeckungsdrang.

◈ Karneol schenkt uns Lebendigkeit. Er sorgt dafür, dass wir das Hier und Jetzt mit Freude ausfüllen. Er ermutigt uns, unsere Lust auszuleben.

◈ Der Stein stärkt die Konzentrationsfähigkeit und bringt uns immer wieder auf den Punkt.

◈ Besonders der orangefarbene Karneol wird bei Melancholie und Depressionen gern genommen.

◈ Der Stein bringt den Kreislauf in Schwung.

◈ Er unterstützt die Nierentätigkeit. Durch seine anregende Wirkung bei der Verdauung regt er den Appetit an und wird somit bei Krankheiten mit Essstörungen eingesetzt.

◈ Hildegard von Bingen setzte den Stein auch bei Nasenbluten ein.

Elemente
Erde und Feuer.

Astrologie
Widder: Der Stein gibt ihm Erdung, trotz der vorhandenen Lebendigkeit und Kreativität des Widders.

Zwilling: Gelber Karneol gibt dem Zwilling eine stabile Ausgangsposition und zentriert ihn so, dass er seine Energien nicht zerstreut.

Jungfrau: Er schenkt der Jungfrau Sicherheit, ihre Vitalität zu leben.

Karneol

Entdeckerdrang ◇ Vitalität

Karneol hilft uns, mit Vertrauen und der Kraft der Erde neue Ziele zu erreichen.

Persönliche Erfahrungen
Karneol lässt uns mit beiden Beinen auf der Erde stehen und mutig neue Projekte angehen. Er konzentriert uns, wenn wir, von 1000 Gedanken getrieben, die Orientierung verlieren. Wer den Stein trägt, sagt, ohne es zu wollen, den kulinarischen Genüssen zu.

Die Botschaft des Karneols
Seine erdende Kraft gibt Ruhe und Vertrauen. Interessant ist, dass er uns trotz der Erdung beschwingt im Leben voranschreiten lässt. Nutzen Sie seine Energie für neue Projekte. Er wird Ihren Fokus auf Ihr Ziel richten und Sie zügig Ihre Schritte machen lassen.

Liebe
Die Bereitschaft, sich für Neues zu öffnen, wird aktiviert durch Ihre Tatkraft.

Glück
Mit dem Wissen, im Vertrauen zu sein, gehen Sie auf Entdeckungsreise.

Erfolg
Lassen Sie »Altes« los. Haben Sie Selbstvertrauen in die Kraft Ihrer Seele.

Lapislazuli

Herkunft
Afghanistan, Russland und Chile.

Farbe
Hell- bis dunkelblau, die beste Qualität ist leuchtend königsblau. Er hat goldfarbene (Pyrit) und weiße (Marmor) Sprenkel.

Überlieferung
Lapislazuli kommt aus dem Lateinischen: *lapis lazuli = blauer Stein.* Abgeleitet von der blauen Farbe, die den Nachthimmel darstellte und mit den Pyrit-Einsprengseln als Sterne, wurde der Stein in vielen Kulturen als Bote des Himmels gesehen, der den Menschen Weisheit bringt.

Fälschungen und Verwechslungen
Mindere Qualitäten werden oftmals nachgefärbt. Manchmal lässt sich die Farbe mit einem, mit Nagellackentferner getränkten, Tuch vom Stein abwischen. Viele günstigere Mineralien wie Calcit, Magnesit, Chalcedon und Sodalith werden gefärbt. Es gibt aber auch Fälschungen aus Glas, Porzellan oder synthetischen Steinen.

Heil-Wirkungen
◇ Lapislazuli, kurz Lapis genannt, ist bekannt als Stein der Wahrheit. Alles, was uns auf der Seele liegt, wird geäußert. Er macht kritikfähig in beide Richtungen. Das bedeutet zu sagen, was gerade anliegt, und Kritik anzunehmen. Hierzu wird er auf das Dritte Auge oder das 6. Chakra gelegt. Er lässt uns authentisch sein.

◇ Lapislazuli kommt bei allen Krankheiten des Halsbereiches zum Einsatz, ebenso bei den typischen Anzeichen einer Erkältung.

◇ Er hat generell eine beruhigende und krampflösende Wirkung.

◇ Der Menstruationszyklus wird verlängert. Hin und wieder kommt es vor, dass durch das Tragen von Lapis die Menstruation ausbleibt, dies ist kein Anzeichen für eine Schwangerschaft!

Elemente

Luft und Erde.

Astrologie

Schütze: Lapis öffnet ihn für die Meinung der anderen. Er verliert die Angst, sich mit sich selbst auseinander zu setzen.
Waage: Ohne lange abzuwägen, ob es richtig ist, äußert die Waage ihre Meinung, wenn Sie Lapis trägt.

Persönliche Erfahrungen

Lapislazuli zu tragen, ist als ob ein Grauschleier von uns fällt und darunter kommt ein strahlendes Wesen zum Vorschein. Wir benötigen keine Masken mehr. Wir sind nicht mehr bereit, irgendetwas zu »schlucken«! Klar können wir unsere Anliegen äußern. Wir nehmen Kritik wertfrei entgegen und schauen, ob sie gerechtfertigt ist.

Lapislazuli

Wahrhaftigkeit ◊ Präsenz

Lapislazuli lässt unser strahlendes Wesen zum Vorschein kommen. Er ist der Freundschaftsstein.

Die Botschaft des Lapislazulis

Der Stein schenkt Wahrhaftigkeit und Präsenz. Seine Aussage: Ich stehe zu mir. Er vermittelt Ruhe und Gelassenheit. Er lässt Sie geradezu majestätisch auftreten, ohne überheblich zu wirken. Er ist der Stein der Freundschaft.

Liebe

Wie soll Ihr/Ihre Partner/in Sie erkennen, wenn Sie eine Maske tragen? Geben Sie sich natürlich und wahrhaftig. So finden Sie das »passende Gegenstück«.

Glück

Glück: der Zustand des still-lachenden Eins–Seins mit der Welt. (Hermann Hesse)

Erfolg

Seien Sie offen für die Kritik, nutzen Sie die Hinweise und wachsen daran.

Mondstein

Herkunft
Indien, Brasilien, Australien.

Farbe
Farblos bis milchig, gelblich bis orange, grünlich bis bräunlich. Meist mit einem wogenden Lichtschimmer, der auch bläulich sein kann.

Überlieferung
Der Mondstein hat seinen Namen, weil er einen weißlich bis blauen geheimnisvollen Lichtschimmer wie der Mond aufweist. Wie der Name schon sagt, trägt der Stein die Kraft des Mondes in sich und war von jeher ein Symbol für Weiblichkeit und Fruchtbarkeit.

Fälschungen und Verwechslungen
Oft wird der Käufer durch Fälschungen aus Glas oder synthetisch hergestellte Steine getäuscht.

Heil-Wirkungen
- Das Thema des Steins ist Hingabe, Einfühlungsvermögen und Gefühlstiefe. Das geheimnisvolle schimmernde Licht des Mondsteins verbindet uns mit der empfindsamen und träumerischen Seite unseres Wesens. Er macht uns unsere Träume bewusst und lässt uns durch die gewonnenen Erkenntnisse wachsen. Er stärkt unsere Intuition, sodass wir spontanen Impulsen folgen.
- Mondstein gleicht den fehlenden Aspekt der Weiblichkeit aus. Edgar Cayce sagte, dass der Stein Frieden und Harmonie schenkt.
- Er regt die Zirbeldrüse an und wirkt anregend auf die weibliche Hormonproduktion. Mondstein unterstützt die Hormonumstellung im Klimakterium und nach der Geburt. Menstruationsbeschwerden sollen durch Mondstein gelindert werden.
- Durch seinen Einfluss auf die Körperflüssigkeiten und den Lymphfluss wird der Stein bei Schwellungen und Ödemen eingesetzt, dabei sollte zusätzlich die Kraft des abnehmenden Mondes genutzt werden.

Element

Wasser.

Astrologie

Krebs: Mondstein löst beim Krebs verhärtete Strukturen im emotionalen Bereich auf. Der Stein lässt ihn die ganze Bandbreite der Gefühle leben, ohne sich zurückzuziehen.

Steinbock: Blockaden im Gefühlsleben werden durch Mondstein aufgeweicht, der Steinbock folgt mehr seinem Herzen.

Mondstein

Weiblichkeit ❖ Hingabe

Mondstein schenkt Einfühlungsvermögen und Empfindsamkeit. Wir können mit ihm auf unseren Traumpfaden wandeln.

Persönliche Erfahrungen

Mondstein macht uns empfindsam. Er lässt uns weltentrückt durch den Alltag wandeln. Wir haben leicht am Wasser gebaut und sehen alles rosarot, was nicht immer der Realität entspricht. Eine gute Freundin, Widder vom Sternzeichen, trug eine Zeit Mondstein. Sie empfand es als Belastung, plötzlich mit ihrer schutzbedürftigen weiblichen Seite konfrontiert zu werden, bis sie die neuen Aspekte in ihrem Leben annehmen konnte.

Die Botschaft des Mondsteins

Der Stein verhilft Ihnen zu mehr Empfindsamkeit und Einfühlungsvermögen. Er integriert die fehlende weibliche Seite in Ihr Leben.

Liebe

Gefühl und Harmonie sind ideale Voraussetzungen für die Liebe.

Glück

Ein Leben im Einklang mit weiblicher und männlicher Energie führt auf den Weg zum Glück.

Erfolg

Fördern Sie Ihre Intuition. Achten Sie auf echte Tugenden!

Peridot

Herkunft
Asien, USA und Ägypten.

Farbe
Olivgrün, gelbgrün bis bräunlich, durchscheinend.

Überlieferung
Eine detaillierte Herleitung des Namens Peridot ist nicht überliefert. Einfacher ist es bei dem Synonym Oliven, der Name ist aus dem Lateinischen hergeleitet, auf Grund der olivgrünen bis gelbgrünen Farbe: *oliva = Olive.*

Fälschungen und Verwechslungen
Peridot kann mit Turmalin, Diopsid und Moldavit verwechselt werden. Oftmals wird farbiges Glas oder synthetisch hergestellte Steine als echter Peridot angeboten. Ohne mineralogische Untersuchung ist es nicht erkennbar.

Heil-Wirkungen
❖ Peridot löst aus Fremdbestimmungen, aber sanfter als der Heliotrop. Nach und nach führt die Energie des Steins in die Selbstbestimmung. Man kann sich selbst Fehler verzeihen und alte Schuldgefühle anderen gegenüber lösen sich auf. Der Stein vermittelt Leichtigkeit, vielleicht weil wir Wesentliches von Unwesentlichem unterscheiden können.

❖ Peridot lindert Husten. Husten ist oft ein Versuch, sich von der Vergangenheit zu lösen.

❖ Rudolf Steiner sagte, der Stein aktiviere das Sehen auf körperlicher und geistiger Ebene. Das bedeutet, dass die Informationen des Höheren Selbst leichter aufgenommen werden können.

❖ Der Stein lässt unseren Gefühlen freien Lauf, Ärger und Wut werden heraus gelassen.

❖ Peridot hilft zu entgiften und regt gleichzeitig die Leberfunktion an.

❖ Früher und auch heutzutage noch wird der Stein gegen Pilze (Candida) und Warzen verwendet.

❖ Er regt die Herztätigkeit und den Stoffwechsel an.

Elemente

Wasser und Luft.

Astrologie

Zwilling: Der Peridot fügt der Leichtigkeit des Zwillings Klarheit hinzu. Meist jongliert er mit mehreren Möglichkeiten, der Stein lässt ihn sich auf das Wesentliche konzentrieren.

Krebs: Der Krebs, der weder mit Wut noch mit Ärger umgehen will, öffnet sich für die aus seiner Sicht negativen Gefühle. Angestautes entlädt sich ohne Schuldgefühl.

Peridot

gesunder Egoismus

Mit Peridot erleben wir Leichtigkeit, weil wir von alten Lasten loslassen können.

Persönliche Erfahrungen

Peridot verleiht uns eine Leichtigkeit und Naturverbundenheit, wie wir es Elfen zuschreiben würden. Wir können aber auch »in die Luft« gehen, danach fühlen wir uns befreit und verschwenden keinen Gedanken mehr an die Situation und ihren Auslöser. Unsere Gedanken, die sich um alte Schuldgefühle drehen, lösen sich langsam auf und belasten uns nicht mehr.

Die Botschaft des Peridots

Das Wort Schuld löst er mit seiner Energie auf. Er vermittelt Klarheit und die Konzentration auf das Wesentliche.

Liebe

Achten Sie auf Selbstbestimmung, um wirkliche Liebe zu erfahren.

Glück

Vergeben Sie, um Minderwertigkeits- und Schuldgefühle aufzulösen.

Erfolg

Gelassenheit, gepaart mit dem Fokus auf das Wesentliche, bringt Erfolg und Lebensgefühl.

Perle

Herkunft

Asien, Mexiko und Australien.

Farbe

Creme, rosa, silbern, grau, blau bis schwarz.

Überlieferung

Der Name stammt angeblich aus dem Lateinischen: *perla* oder *perula* = *kleine Birne*. In der Zeit waren birnenförmige Perlen, in Gold oder Silber gefasst, Mode. Perlen werden auch als Tränen der Engel bezeichnet.

Fälschungen und Verwechslungen

Zuchtperlen können mit Naturperlen leicht verwechselt werden. Oft werden Zuchtperlen auch als echte Perlen verkauft, die weit günstiger sind als die wertvolleren und teureren Naturperlen. Nur ein Fachmann wird den Unterschied erkennen. Die Griechen sagten der Perle und ihrer Trägerin Schönheit bis ins hohe Alter nach.

Heil-Wirkungen

◇ Die Perle wirkt unterstützend bei therapeutischen Prozessen, in denen wir alte Verletzungen aufarbeiten. Anders als der Diamant geht die Energie der Perle sehr sanft mit uns um. Sie lässt die vielen angestauten Tränen endlich fließen. Perlen zu tragen bedeutet, sich auf einen Reinigungsprozess einzulassen. Wenn wir ihn selbst durchgemacht haben, sind wir von Nächstenliebe erfüllt.

◇ Die Perle schenkt uns tiefes Vertrauen. Am besten mit Amethyst kombiniert, lassen die Perlen Trauer, Verlust und Schmerz leichter verarbeiten.

◇ Perlen bringen uns in die Balance und unausgeglichene Emotionen werden harmonisiert.

◇ Durch das Tragen von Perlen erkennen wir unsere innere Schönheit. Frauen müssen sich nicht emanzipieren, denn sie wissen um ihre Stärke und Macht. Perlen sollten öfters gereinigt werden, da sie die Emotionen der Trägerin aufnehmen.

Element

Wasser.

Astrologie

Krebs: Perlen geben dem Krebs Vertrauen, sich auf einen Prozess mit schmerzlichen Erfahrungen einzulassen.

Fische: Durch das Tragen von Perlen kann sich der Fisch annehmen, wie er ist.

Steinbock: Schwarze Perlen helfen ihm bei der Klärung innerer Prozesse und lassen ihn seine innere Schönheit erkennen.

Perle

Reinigung ⬦ innere Schönheit

Perlen bedeuten Tränen. Sie schenken uns Reife und bringen unser Leben wieder in Fluss.

Persönliche Erfahrungen

Haben wir den Mut, durch den tränenreichen Reifungsprozess zu gehen, werden wir reichlich entlohnt. Wir wandeln mit Sanftmut durch das Leben. Damit ist nicht das »Schweben über den Wolken« gemeint, sondern wir sind uns unserer Weiblichkeit voll bewusst. Komplimente nehmen wir gerne entgegen, brauchen sie aber nicht, um uns selbstbewusst zu fühlen.

Die Botschaft der Perle

Die Perle schenkt Ihnen Vertrauen. Sie lässt Ihre Tränen fließen, um im wahrsten Sinne des Wortes Ihr Leben wieder in Fluss zu bringen. Sie stehen leichter zu Ihrer weichen, weiblichen Seite.

Liebe

Auch Tränen gehören zu einer Beziehung, Sie werden hinterher klarer sehen.

Glück

Lernen Sie, Ihre Emotionen auszubalancieren.

Erfolg

Reduzieren Sie Ihren Stress. Schauen Sie nach Innen, um an Ihre Schönheit und Tugenden zu gelangen.

Prasem

Herkunft
Griechenland, Australien und Südafrika.

Farbe
Grasgrün bis lauchgrün.

Überlieferung
Der Name ist hergeleitet aus dem Griechischen: *prasos* = *Lauch*. Hildegard von Bingen schätzte den Stein zur Schmerzbekämpfung und zur Linderung von Krämpfen bei Traumata. Bei Fieber kam der Stein ebenfalls bei ihr zum Einsatz.

Fälschungen und Verwechslungen
Der Stein kann mit Jadeit und Nephrit verwechselt werden. Bei genauerem Hinschauen erkennt auch der Laie den Unterschied, da Farbe und Beschaffenheit sehr unterschiedlich sind. Im Handel wird teilweise grün gefärbter Chalcedon als Prasem angeboten.

Heil-Wirkungen
❖ Prasem hilft bei Temperamentsausbrüchen wieder ins emotionale Gleichgewicht zu kommen. Der Zorn verraucht schnell, deshalb trägt er zu friedlichen Versöhnungen bei. Er lässt uns nicht lange nachtragend sein. Der Stein fördert die Beherrschung.

❖ Wer Prasem trägt, will sein Leben selbst bestimmen und die Kontrolle darüber. Dadurch fällt es einem schwer, dem Leben zu vertrauen.

❖ Die kühlende Energie vom Prasem wirkt fiebersenkend, sie lindert auch die lästigen Beschwerden nach Insektenstichen, indem man den Stein auf die »Stiche« legt.

❖ Der Stein soll auch bei Strahlenschäden eingesetzt werden. Bei Sonnenbrand und Sonnenstich sind Umschläge mit Prasem-Wasser hilfreich und es sollte auch getrunken werden.

❖ Er wird bei Prellungen und Verstauchungen zur Schmerzlinderung sowie zum Abschwellen des betroffenen Körperteils eingesetzt.

Element
Erde.

Astrologie
Skorpion: Dem Skorpion fällt es schwer zu vergeben und vergessen, Prasem hilft ihm, diese Eigenschaften zu wandeln.
Widder: Nicht selten zeigt sich der Widder unbedacht, sogar aggressiv. Prasem bringt seine Gefühle ins Gleichgewicht. Er ist eher zur Versöhnung bereit.

Persönliche Erfahrungen
Prasem beruhigt uns tatsächlich, wenn die Gemüter im Streit erhitzt sind. Er lässt uns auch die andere Seite sehen und wir sind eher bereit, uns zu versöhnen. Durch die Eigenschaft, sein Leben selbst zu bestimmen, können wir recht stur sein. Wir sollten darauf achten, dass Selbstbestimmung und Vertrauen im Einklang sind.

Die Botschaft des Prasems
Er bringt unsere Emotionen ins Gleichgewicht. Er hilft, leicht zu verzeihen. Er unterstützt uns mit Beherrschung. Er ist der Stein für Selbstbestimmung.

Liebe
Wer verzeihen kann, sich selbst und dem anderen, weiß, was Liebe ist.

Glück
Zorn und überhitzte Gemüter zerstören das Glück. Sorgen Sie für Ausgeglichenheit.

Erfolg
Erkennen Sie Ihre Verhaltensmuster und den Zusammenhang mit dem stagnierenden Erfolg. Es gibt Zeiten, da ist es angesagt zu vertrauen.

Prasem
Selbstbeherrschung

Wir sollten darauf achten, dass Vertrauen und Selbstbestimmung im Einklang sind.

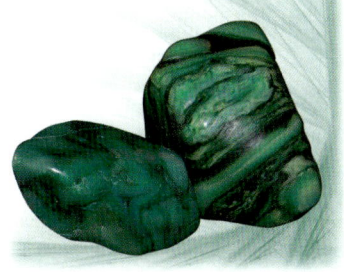

Rauchquarz

Herkunft

Schweiz, Brasilien, Madagaskar, Russland und Pakistan.

Farbe

Braun, rauchig, selten schwarz, manchmal gelblich, da Rauchquarz fließend in Citrin übergehen kann.

Überlieferung

Der Name Rauchquarz ist von seiner Farbe hergeleitet. Das Wort Quarz kommt aus dem Slawischen: *kwardy = hart*. Sehr dunkle Steine werden Morion genannt.

Fälschungen und Verwechslungen

Rauchquarz kann sehr leicht mit dem Rauchobsidian verwechselt werden, da er ihm sehr ähnlich sieht. Ist der Stein geschliffen, gibt es Verwechslungen mit braunem Turmalin und Vesuvian. Fälschungen sind in Form von gefärbtem Bergkristall auf dem Markt, die nur durch mineralogische Untersuchungen herauszufiltern sind.

Heil-Wirkungen

◇ Rauchquarz wird getragen, um die Nerven zu stärken. Er unterstützt die Belastbarkeit im alltäglichen Leben. Das bedeutet, dass nicht mehr gearbeitet wird, sondern die Arbeit besser eingeteilt oder abgegeben wird.

◇ Bei vielen ist der Rauchquarz mittlerweile als der sogenannte »Antistress-Stein« bekannt. Der Stein hilft, Stress abzubauen. Durch diese Eigenschaft beugt er dem Herzinfarkt vor. Entspannung stellt sich ein. Dadurch werden Schmerzen gelindert und Krämpfe gelöst.

◇ Bei Schmerzen jeglicher Art sollte der Stein auf die betroffene Stelle gelegt werden.

◇ Rauchquarz lässt Verstand und Gefühl in Einklang kommen. Er unterstützt den Verstand mit pragmatischen, klaren Gedankengängen.

◇ Rauchquarz schützt vor Strahlungseinwirkungen z. B. von Handy oder PC und lindert die Beschwerden von Strahlungsschäden.

Element
Luft.

Astrologie
Steinbock: Rauchquarz weicht die verfestigten Strukturen des Steinbocks auf.
Stier: Der Stein gleicht die Emotionen des hin und wieder aufgewühlten Stieres aus.
Schütze: Den aktiven Schützen lässt Rauchquarz ruhiger und gelassener werden.

Persönliche Erfahrungen
Mit Rauchquarz lassen wir uns nicht mehr hetzen, wir sind entspannter. Bei Rückenschmerzen leistet er uns gute Dienste, wobei es sinnvoll ist, nach der inneren Ursache zu schauen. Wir gaben den Stein einem Elternteil, der bereits stressbedingt einen leichten Herzinfarkt erlitten hatte. Obwohl er seine Arbeit über alles liebte, ließ er sich früher pensionieren und sein Arzt meinte, das hätte ihn bestimmt vor weiterem Infarkt bewahrt.

Die Botschaft des Rauchquarzes
Er befreit Sie von jeglichem Stress. Er lässt Sie ruhiger werden, und Sie konzentrieren sich auf das Wesentliche. Er trennt Gefühl und Verstand.

Liebe
Versuchen Sie, Spannungen zu lösen und Ihren/Ihre Partner/in so zu sehen, wie er/sie ist.

Glück
Vor lauter Aktivismus verbauen wir anderen und uns selbst manchmal das Glück. Werden Sie ruhiger und bedächtiger.

Erfolg
Gut informiert ist der halbe Weg zum Erfolg.

Rauchquarz

Nervenstärke ✧ Belastbarkeit

Der Anti-Stress-Stein! Rauchquarz lässt uns ruhiger werden und wir können uns wieder auf das Wesentliche konzentrieren.

Rhodochrosit

Herkunft

Rhodochrosit kommt fast ausschließlich aus Argentinien.

Farbe

Rosa und himbeerrot mit weißen kreisförmigen Bänderungen. Es gibt auch kräftig rosa, durchscheinende Kristalle.

Überlieferung

Der Name Rhodochrosit hat seinen Ursprung im Griechischen: *rhodos* = *Rose* und *chros* = *Farbe*, rosenfarben.

Fälschungen und Verwechslungen

Rhodochrosit kann mit Calcit und Rhodonit verwechselt werden, aber anhand der Merkmale der Steine sind die Unterschiede auch für Laien erkennbar. Fälschungen kommen im Handel nicht vor.

Heil-Wirkungen

✧ Rhodochrosit sorgt für mehr Schwung und Elan im Leben. Er vermittelt Leichtigkeit und lässt uns gute Laune verbreiten. Geradezu enthusiastisch wirkt seine Energie. Sie beflügelt uns, jeden Tag aufs Neue zu genießen und uns Zeit für uns selbst zu gönnen. Er erschließt uns unseren Ideenreichtum, so fällt uns der berufliche Alltag leichter.

✧ Die Partnerschaft gestaltet sich harmonischer, denn Erotik und Gefühl gehen Hand in Hand. Alte Verletzungen in Herzensangelegenheiten werden gelöst. Rhodochrosit ermöglicht die Bereitschaft, sich auf eine neue Liebe einzulassen.

✧ Der Stein sorgt für einen erholsamen und stabilen Schlaf. Durch seine lebendige Energie kommt der Kreislauf in Schwung. Da der Blutdruck angeregt wird, sollte der Stein nicht bei Bluthochdruck getragen werden.

✧ Rhodochrosit unterstützt die Heilung von Nieren-, Bauchspeicheldrüsen- und Milzbeschwerden. Es wird empfohlen, den Stein im Anfangsstadium von Diabetes auf die Bauchspeicheldrüse zu legen.

Element
Feuer.

Astrologie
Steinbock: Der Rhodochrosit gibt Energie und Vitalität. Er regt die geistige und körperliche Aktivität des Steinbocks an und gibt so die nötige Dynamik, seine Entwicklung zu beschleunigen.
Krebs: Der Stein hebt die Stimmung des oftmals melancholischen Krebses.

Persönliche Erfahrungen
Rhodochrosit gibt uns Lebendigkeit, die wir körperlich ebenso spüren wie geistig. Wir sind aktiver, nehmen uns aber genügend Auszeiten zum Regenerieren. Wir haben die Erfahrung gemacht, dass der Stein die Partnerschaft belebt, im Gefühlsbereich und gleichzeitig in der Erotik. Der Stein hilft bei Migräne. (Gute Erfahrungen machten wir auch mit Feueropal.)

Rhodochrosit
Gefühl ◇ Erotik

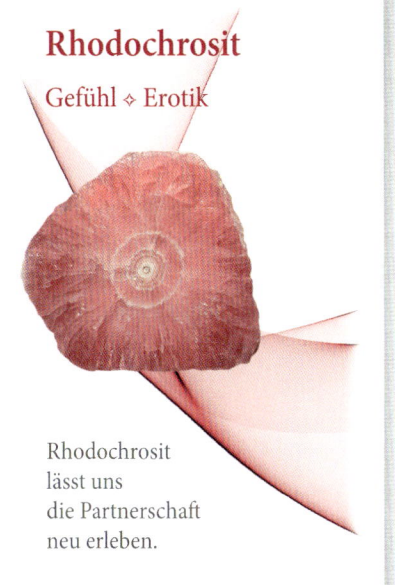

Rhodochrosit
lässt uns
die Partnerschaft
neu erleben.

Die Botschaft des Rhodochrosits
Er lässt Sie aktiv am Leben teilhaben. Er öffnet Sie für neue Ideen. Der Stein hält Sie geistig jung und körperlich fit.

Liebe
Laden Sie Ihren/Ihre Partner/in auf ein Abenteuer ein, voller Romantik mit einem Schuss Erotik, das belebt jede Beziehung.

Glück
Es gibt keine Probleme, nur Lösungen!

Erfolg
Nehmen Sie sich kreative Pausen! Der Erfolg läuft Ihnen nicht davon, eher Sie dem Erfolg.

Rhodonit

Herkunft

Schweiz, Afrika, Australien, USA, Madagaskar und Russland.

Farbe

Rosa bis dunkelrosa, mit schwarzen Einschlüssen. Selten ist er farblos bis bräunlich.

Überlieferung

Der Name des Steins wird von der Farbe abgeleitet; aus dem Griechischen: *rhodos = Rose.*

Fälschungen und Verwechslungen

Verwechslungen kann es mit Rhodochrosit und Thulit geben. Fälschungen sind im Handel nicht bekannt.

Heil-Wirkungen

✧ Herz und Verstand geben sich bei diesem Stein die Hand. Was bei den Bachblüten Rescue-Tropfen sind, ist bei den Edelsteinen Rhodonit. Er ist der beste Stein bei Panik und Verwirrung, weil er für Klarheit sorgt. Bei Schock leistet er schnelle Hilfe, dass man wieder ins Gleichgewicht kommt.

✧ Rhodonit spendet Trost. Er wirkt aufhellend bei Liebeskummer. In der Partnerschaft bringt er uns auf den Boden der Tatsachen zurück. Er ist auch einzusetzen bei Verlusten und Trauer. Der Stein hilft, Blockaden zu lösen. Wut, Ärger und sogar Hass auf andere werden relativiert. Er lässt Sie erkennen, dass immer zwei an einem »Drama« beteiligt sind. Somit löst er Konflikte zur Zufriedenheit beider Parteien. Er öffnet das »Herz« für andere.

✧ Rhodonit fördert die Wundheilung und leitet Gifte aus dem Körper. Es heißt, er unterstützt die weiblichen Geschlechtsorgane und fördert somit die Fruchtbarkeit. Bei Schmerzen soll der Stein direkt auf die betroffene Stelle gelegt werden. Der Stein stärkt und beruhigt das Herz. Rhodonit regt sanft den Kreislauf an.

Elemente
Erde und Feuer.

Astrologie
Krebs: Die sanfte Energie des Steins veranlasst den zurückhaltenden Krebs, Konflikte auszutragen.

Widder: Der Widder sieht ein, dass es nicht nur einen Schuldigen gibt. Konstruktiv setzt er sich mit seinem Gegenüber auseinander.

Persönliche Erfahrungen
Bei Schock hilft Rhodonit fantastisch. Der Sohn einer Freundin hatte einen schweren Autounfall, er konnte weder sprechen noch sich bewegen. Im Krankenhaus gab sie ihm sofort einen Rhodonit in die Hand. Noch in derselben Nacht löste sich die Blockade, er ließ seinen Tränen freien Lauf und konnte am nächsten Tag wieder laufen.

Die Botschaft des Rhodonits
Erste Hilfe im Notfall! Er löst alte Blockaden und seine Energie tröstet Sie. Der Stein unterstützt Sie in Ihrer Konfliktbereitschaft.

Liebe
Aufgestaute Wut und angesammelter Ärger hindern Sie, frei zu lieben. Suchen Sie eine friedliche Lösung.

Glück
Das Herz sagt Ihnen, was Sie wollen. Der Verstand sorgt für die Umsetzung. Das Glück liegt in der Motivation, warum wir etwas tun.

Erfolg
Bleiben Sie bodenständig und üben Sie sich in Geduld, mancher Knoten löst sich von allein.

Rhodonit

Verwirrung ⬦ Trost

Rhodonit ist der Erste-Hilfe-Stein bei allen Notfällen.

Rosenquarz

Herkunft

Brasilien, Namibia, Madagaskar.

Farbe

Durchscheinend bis opak, hell bis intensiv rosa, selten transparent, von natürlichen Rissen durchzogen.

Überlieferung

Ca. seit dem Jahr 1800 hat Rosenquarz den Namen seiner Farbe zu verdanken und wird »rosaroter Quarz« genannt. Vorher hieß er gemeiner Quarz. Früher kursierten Namen wie Böhmischer Rubin und Montblanc Rubin.

Fälschungen und Verwechslungen

Fälschungen sind nicht bekannt. In geschliffener Form wird er zuweilen mit rosa Chalcedon verwechselt. Der Stein wird manchmal nachgefärbt, um ihm eine intensive rosa-pink Färbung zu geben. Die Farbe sammelt sich allerdings in den natürlichen Rissen des Rosequarzes. So entstehen intensive, pinkfarbene Schlieren im Stein.

Heil-Wirkungen

◇ Der Rosenquarz unterstützt die Kraft der übernatürlichen Herzensliebe. Blockaden, entstanden durch frühere Verletzungen, werden gelöst und geheilt. Er fördert das Einfühlungsvermögen und die Hilfsbereitschaft.

◇ Rosenquarz steigert die Empfindsamkeit und das Urvertrauen. Der Stein verleiht uns ein sanftes Wesen, aber das Handeln wird von Konsequenz bestimmt.

◇ In der Partnerschaft harmonisiert er emotionale wie auch sexuelle Schwierigkeiten. Ein großer Rohstein im Zimmer sorgt für ein harmonisches Miteinander und romantische Momente.

◇ Rosenquarz fördert die Fruchtbarkeit bei Frauen. Der Stein stärkt das Herz. Bei Rhythmusstörungen des Herzens wirkt der Stein ausgleichend. Es ist mittlerweile bekannt, dass Rosenquarz, neben den Computerbildschirm gestellt, die Strahlung fernhält.

Element

Feuer.

Astrologie

Widder: Rosenquarz lehrt den Widder Rücksicht auf andere. Er entwickelt durch den Stein seine »weiche« Gefühlsseite.

Stier: Der Stein überwindet die Verlustangst des Stieres. Er hilft ihm, sich dem anderen zu öffnen.

Waage: Die sanfte Energie des Steins heilt seine emotionalen Verletzungen.

Persönliche Erfahrungen

Wir fühlen uns eingehüllt in eine liebevolle Wolke, wenn wir Rosenquarz tragen. Traurigkeit verfliegt, weil wir plötzlich wissen, dass alles gut ist, wie es ist. Wir vertrauen unserem eigenen Gefühl und handeln entsprechend, ohne etwas durchsetzen zu wollen.

Die Botschaft des Rosenquarzes

Seine Energie bringt Sanftheit, gepaart mit Bestimmtheit. Er vermittelt ein lang vergessenes Vertrauen ins Leben. Er vermittelt uns Einfühlungsvermögen für andere, lässt uns aber nicht mehr mitleiden.

Liebe

Nur, wenn ich mich selbst liebe, stellt sich die wahre Liebe ein.

Glück

Das Glück kommt durch Ihr Einfühlungsvermögen für die Mitmenschen.

Erfolg

Der Rosenquarz belebt Ihre Vorstellungskraft. Öffnen Sie sich für Musik und Künste.

Rosenquarz

Hilfsbereitschaft ⬥ Mitgefühl

Seine Energie bringt Sanftheit, gepaart mit Bestimmtheit. Wir fühlen uns eingehüllt in eine liebevolle Wolke. Das kommt auch der Partnerschaft zugute.

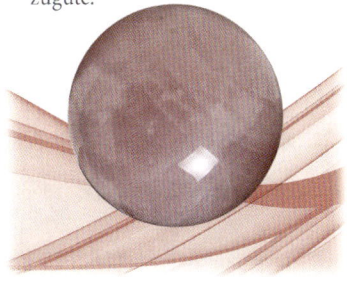

Rubin

Herkunft

Birma, Sri Lanka, Ostafrika, USA, Australien und Indien.

Farbe

Rosa bis rot, mit einem Stich ins Violette. Es gibt wunderschöne Sternrubine: Rutilnadeln lassen einen Stern auf dem Stein leuchten.

Überlieferung

Rubin ist durch seine besondere Härte besonders witterungsbeständig. Der Name ist abgeleitet aus dem Lateinischen: *ruber = rot*. Richard II. trug ein Gewand, das über und über mit Rubinen bestickt war. Ganz allgemein wurde geglaubt, der Rubin verleihe Mut, Tapferkeit und Unbezwingbarkeit. Im Mittelalter wurden rote Steine Karfunkel genannt, dazu gehörte Rubin ebenso wie Granat. In dieser Zeit glaubte man, Rubin schütze vor der Pest.

Fälschungen und Verwechslungen

Es sind viele Imitationen aus Glas auf dem Markt. Lassen Sie die Steine unbedingt mineralogisch prüfen, bevor Sie sich zum Kauf entschließen.

Heil-Wirkungen

- Der Rubin ist ein Stein der Lebensfreude! Er stärkt die Lebensenergie. Noch heute steht er für Mut und Tapferkeit. Rubin entfacht die Leidenschaft. Er regt die Aktivität im sexuellen Bereich an.
- Die Energie des Steins vermittelt Ruhe und Dynamik, aber nicht feurig so wie bei Feueropal. Die Klarheit im Denken und Handeln lässt uns spontaner werden.
- Rubin stärkt Herz und Kreislauf und wird somit bei niedrigem Blutdruck eingesetzt.
- Schon früher wurde Rubin bei Infektionskrankheiten eingesetzt. Er unterstützt das Fieber, indem er die Temperatur noch ansteigen lässt. Die Infektion ist schneller ausgeschwitzt.
- Rudolf Steiner sagte, dass Rubin die Intuition aktiviere.

Element

Feuer.

Astrologie

Löwe: Rubin öffnet ihm den Zugang zu den Herzen seiner Mitmenschen.
Widder: Der Rubin sorgt für eine ausgeglichene Dynamik beim Widder.
Skorpion: Rubin relativiert seine sexuellen Bedürfnisse. Der Stein bringt ihn in Einklang mit der Liebe des Herzens.

Persönliche Erfahrungen

Rubin weckt die Leidenschaft, auch im sexuellen Bereich. Wir sagen dem Partner klar, was wir möchten und haben keine Hemmungen mehr, unsere Phantasien auszuleben. Die klare und dynamische Energie des Steins haben wir als förderlich im Berufsleben empfunden. Entscheidungen fielen uns leichter.

Rubin

Lebensfreude ⬦ Lust

Ein Rubin bringt Schwung ins Leben. Er entfacht unsere Leidenschaft und lässt uns unsere Phantasien ausleben.

Die Botschaft des Rubins

Er lässt Sie mit Schwung durch das Leben gehen. Ihre Entscheidungen sind von Klarheit und Spontaneität geprägt. Er durchdringt Sie mit Lebensfreude und Leidenschaft.

Liebe

Genießen Sie Ihr Leben! Haben Sie Mut zu Ihrer Leidenschaft.

Glück

Versöhnen Sie sich mit Ihren Mitmenschen. Nur die bedingungslose Liebe führt zu Glück!

Erfolg

Wenn Sie wieder im Gleichgewicht sind, vergeben und vergessen haben, steht Ihrem Erfolg nichts mehr im Wege.

Saphir

Herkunft
China, Afrika, Indien, Sri Lanka, USA, Thailand und Australien.

Farbe
Meist blau, aber auch farblos, rosa, gelb, grün, violett bis schwarz. Eine Besonderheit ist der Sternsaphir: Feine Rutilnadeln sind im Saphir angeordnet und lassen einen »Stern« auf ihm funkeln.

Überlieferung
Ebenso wie Rubin ist er durch seine besondere Härte witterungsbeständig. Der Name stammt aus dem Griechischen: *sappheiros*. Dies ist wiederum abgeleitet aus dem Sanskrit: *sanipriyam = Liebling des Saturn*.

Fälschungen und Verwechslungen
Ist der Stein geschliffen, kann er mit Disthen, Tansanit, Topas und Zirkon verwechselt werden. Fälschungen gibt es aus Glas und unter anderem aus blauem Chalcedon. Nur ein Fachmann kann Fälschungen durch mineralogische Untersuchungen entlarven.

Heil-Wirkungen
◆ Mit Saphir setzen wir uns Ziele, die aus unserer Mitte entspringen und nicht aus dem Ego. Diese setzen wir mit Ausdauer und Konzentration um.

◆ Der Stein fördert unseren Wissensdurst. Saphir lässt uns der Weisheit ein Stück näher kommen. Er regt das Bedürfnis nach wahrer Spiritualität an und die Sehnsucht nach innerem Frieden.

◆ Das Thema Wahrheit wird durch die Energie des Steins berührt: die Ehrlichkeit uns selbst und anderen gegenüber.

◆ Im Ayurveda werden Koliken und Geisteskrankheiten mit Saphir behandelt. Der Stein hat eine beruhigende Wirkung. Er wird deshalb bei nervösen Beschwerden und Schlaflosigkeit eingesetzt. Der Saphir auf die Hypophyse gelegt, fördert die Drüsensekretion und den Stoffwechsel. Er kommt bei Bluthochdruck und Fieber zum Einsatz.

Elemente

Wasser und Erde.

Astrologie

Jungfrau: Mit dem Schutz des Saphir vertraut die Jungfrau auf die Existenz einer höheren Macht.

Schütze: Die Schutzhülle der Oberflächlichkeit weicht der Ehrlichkeit sich selbst gegenüber. Er nimmt dem Schützen die Angst, in die »Tiefe« zu gehen.

Persönliche Erfahrungen

Saphir zu tragen, ist ein ganz besonderes Erlebnis. Wir fühlen uns ruhig und von dem Wıssen getragen, dass die Weisheit in uns ist. Unsere Intuition wird gestärkt, subtiler als bei Aquamarin. Wir sehen vieles voraus, haben aber nicht das Bedürfnis, uns mitzuteilen. Das Gefühl, von einer höheren Macht getragen zu werden, wärmt uns von innen.

Saphir

Spiritualität ⬧ Weisheit

Der Saphir trägt die Weisheit des Lebens in sich. Zielsicher lässt er uns unseren Weg gehen.

Die Botschaft des Saphirs

Der Stein trägt die Weisheit des Lebens in sich! Zielsicher lässt er Sie Ihren Weg gehen. Ihr Handeln wird von klaren, überlegten Entschlüssen geprägt. Die Ehrlichkeit, die er in Ihnen auslöst, begünstigt Ihr Leben.

Liebe

Haben Sie mehr Geduld!

Glück

Ihre sympathische und ruhige Ausstrahlung fegt jedes Problem beiseite.

Erfolg

Gehen Sie Aufgaben mit klarem Verstand an und lernen Sie, sich auf eine Sache zu konzentrieren.

Smaragd

Herkunft

Brasilien, Afrika, Kolumbien, Indien und Russland.

Farbe

Grasgrün, gelb- bis graugrün, klare Kristalle sind tatsächlich smaragdgrün, Trommelsteine sind opak.

Überlieferung

Der Name Smaragd kommt aus dem Griechischen: *smaragdos*. Es ist keine Bedeutung des Wortes überliefert. Plinius schrieb:»... und den Augen der Steinschneider tut nichts wohler, denn des Steines sanftes Grün vertreibt die Mattigkeit.« Die Ägypter glaubten an die Kräfte des Smaragds bei Liebeszaubern. Die Inkas schnitzten die Antlitze ihrer Götter aus diesem Stein. Durch die spanischen Eroberer gelangten viele dieser Schätze nach Europa. Hildegard von Bingen setzte den Stein bei folgenden Krankheiten ein: Epilepsie, Geschwüren, Herzbeschwerden, Kopf- und Magenschmerzen.

Fälschungen und Verwechslungen

Es gibt Fälschungen aus Glas, grün gefärbtem Achat und synthetischen Steinen. Geschliffen kann Smaragd mit Granat, Grossolar und Uwarowit oder mit grünem Turmalin verwechselt werden.

Heil-Wirkungen

- ✧ Smaragd zeigt uns unsere innere Schönheit. Er regeneriert Körper und Geist und schenkt der Seele Erholung.
- ✧ Ähnlich wie Aventurin bringt uns Smaragd die Natur und deren Wesen näher. Wir lernen, aus der Natur neue Kraft zu schöpfen. Der Stein führt damit zu Harmonie und besseren mentalen Kräften.
- ✧ Er bringt Klarheit und Weitsicht, verständlich, dass er bei Sehschwächen eingesetzt wird.
- ✧ Smaragd wirkt positiv auf das Blutsystem und den Sauerstofftransport.
- ✧ Er stärkt die Nerven, stabilisiert das Herz und die Nieren. Smaragd ist ideal zum Entgiften und besonders hilfreich bei Gallenstau.

Elemente
Erde.

Astrologie
Stier: Smaragd gibt dem erdverbundenen Stier Ruhe im hektischen Alltag.
Krebs: Der Stein schenkt dem Krebs die Erfahrung der Selbstliebe. Er macht ihn unabhängig von anderen.
Waage: Er bringt der Waage Ausgeglichenheit. Er stärkt das gegenseitige Verstehen in Ihrer Partnerschaft.

Persönliche Erfahrungen
Rubin gibt uns Leidenschaft, Rosenquarz Mitgefühl und der Smaragd ein freundliches, harmonisches Miteinander im alltäglichen Leben mit unserem Partner. Durch unseren Weitblick können wir agieren, statt zu reagieren. Zur Entspannung und Erholung ziehen wir uns in die Natur zurück.

Smaragd
Harmonie ◇ Schönheit

Der Smaragd regeneriert Körper und Seele. Er zeigt uns unsere innere Schönheit. Smaragd vermittelt ein harmonisches Miteinander.

Die Botschaft des Smaragds
Er steht für Toleranz in der Partnerschaft. Der Stein sorgt aber auch für Klarheit und Gerechtigkeit. Er beinhaltet Ästhetik und Schönheit.

Liebe
Bleiben Sie gelassen. Harmonie und Freude sind ein Garant für eine gute Beziehung.

Glück
Suchen Sie Ihr Glück nicht in materiellen Dingen. Pflegen Sie Ihre Freundschaften, sie beinhalten großes Glück.

Erfolg
Sorgen Sie für Harmonie im Beruf. Auch wenn Verhandlungspartner schwierig erscheinen, betrachten Sie alle Aspekte.

Tigerauge

Herkunft

Südafrika, USA und Australien.

Farbe

Goldbraun bis braun. Der Stein zeigt einen wandernden, schimmernden Lichtlauf, wenn wir ihn in die Hand nehmen und hin- und herbewegen. Typisch ist das gebänderte Wellenmuster.

Überlieferung

Der Name Tigerauge ist abgeleitet vom Aussehen und der Farbe. Ist der Stein rund geschliffen, erinnert der Lichtlauf an ein funkelndes Auge. Im Mittelalter sollte er vor dem »Bösen Blick« schützen.

Fälschungen und Verwechslungen

Wird Tigerauge gebrannt, nimmt er eine rötliche Färbung an und wird als rotes Tigerauge verkauft. In der Natur kommt der Stein in dieser Färbung nicht vor. Verwechslungen sind nicht bekannt.

Heil-Wirkungen

- ◇ Tigerauge ist der klassische Entscheidungsstein. Mit einer inneren Distanz zu allem, können wir Situationen leichter aus verschiedenen Blickwinkeln betrachten.
- ◇ Er vermittelt Beweglichkeit im geistigen wie im körperlichen Bereich. Festgefahrene Situationen werden neu betrachtet und verändert. Tigerauge schenkt ein gewisses Urvertrauen. Er zeigt die vielen Möglichkeiten des Lebens auf und gibt den Mut zum Handeln. Es geht nur um den nächsten Schritt, dieses Wissen vermittelt Ruhe und Gelassenheit.
- ◇ Der Stein hüllt in eine lebendige Wärme ein, so gibt er uns einen gewissen Schutz.
- ◇ Generell wirkt Tigerauge beruhigend und ausgleichend auf Körper, Geist und Seele. Der Stein bringt Linderung bei Schmerzen.
- ◇ Tigerauge sollte nur kurz getragen werden, ca. eine Woche, da er den Energiefluss im Körper hemmt.

Elemente
Luft und Erde.

Astrologie
Zwilling: Der Zwilling trifft endlich seine Entscheidungen.

Löwe: Tigerauge macht dem Löwen bewusst, dass das Glück nicht im Materiellen, sondern im Innern zu finden ist.

Jungfrau: Der Stein befreit die Jungfrau aus festgefahrenen Denkstrukturen.

Persönliche Erfahrungen
Durch seine Wärme bietet er uns Schutz. Auch bei raschen Entscheidungen ist Tigerauge genial. Er gibt uns den Mut,
einfach den nächsten Schritt zu tun. Eine Freundin konnte sich bei der Auswahl eines Geschenkes für ihre Schwester nicht entscheiden. Wir gaben ihr Tigerauge in die Hand und nach ca. 15 Minuten strahlte sie: »Ich nehme beides«. So kann es auch zugehen.

Die Botschaft des Tigerauges
Er gibt Ihnen Mut, Entscheidungen zu treffen. Der Stein sorgt für Klarheit und Beweglichkeit im Denken. Fühlen Sie sich umarmt und im Wissen, das Richtige zu tun.

Liebe
Zweifeln Sie nicht, stehen Sie zu Ihrer Entscheidung.

Glück
Glücklich sein ist eine Entscheidung! (Abraham Lincoln)

Erfolg
Es gibt keine falschen Entscheidungen. Nach neuen Erfahrungen können wir neu entscheiden. Nur vorwärtsgehen bringt Sie Ihrem Erfolg näher.

Tigerauge

Entscheidungen
Der Stein sorgt für klares und bewegliches Denken. Wir fühlen uns umarmt und im Wissen, das Richtige zu tun.

Türkis

Herkunft
China, Iran, Israel, Mexiko und USA.

Farbe
Hellblau bis blau, grünblau bis apfelgrün, der Wertvollste ist türkisblau.

Überlieferung
Der Modestein des Biedermeier stammt aus dem Orient. Während der Kreuzzüge wurde das Mineral vom Orient nach Europa gebracht. Daher hat der Türkis seinen Namen: *Türkis = Türkenstein*. Er galt als Glücksbringer und Schutzstein. Persische Könige trugen Türkis am Turban, um sich vor einem unnatürlichen Tod zu bewahren. Man glaubte, wenn der Stein seine Farbe änderte, drohte Gefahr. Auch die Inkas nutzten ihn als Schutzstein.

Fälschungen und Verwechslungen
Verwechslungen kann es mit Amazonit, Chrysokoll und Variscit geben. Magnesit und Howlith lassen sich leicht einfärben. Sie werden als echter Türkis angeboten. Türkisstaub wird, mit Kunstharz verklebt, ebenfalls als echt verkauft.

Heil-Wirkungen
◆ Noch heute gilt Türkis als Schutzstein gegen Fremdeinflüsse und geistig negative Angriffe – auch und besonders bei Elektrosmog. Er vermittelt das Gefühl, eigenverantwortlich für sein Glück zu sein.

◆ Der Stein verbessert den Ausdruck in der Kommunikation. Anders als bei dem gebänderten, hellblauen Chalcedon, der uns einfach reden lässt, vermittelt Türkis eine innere Ruhe und Selbstsicherheit. Sie lässt uns zum richtigen Zeitpunkt das »Richtige« sagen.

◆ In Kombination mit Sodalith wird er bei Halserkrankungen eingesetzt.

◆ Türkis unterstützt die Entwicklung der Intuition. Ihm wird eine aufmunternde Wirkung nachgesagt und er gleicht Stimmungsschwankungen aus.

◆ Beim Fasten wirkt er entgiftend und entsäuernd.

Elemente
Luft und Erde.

Astrologie
Wassermann: Türkis gibt dem Wassermann den Schutz, den er braucht, um seine neuen Ideen unbeirrbar mit der äußeren Welt in Einklang zu bringen.
Fische: Türkis gibt dem Fisch die Kraft, sich abzugrenzen und nein sagen zu können. Er übernimmt die Eigenverantwortung für sein Glück.

Türkis

Eigenverantwortung

Jeder ist seines Glückes Schmied! Ein Türkis gibt uns Sicherheit und Schutz vor äußeren Einflüssen. Wir werden selbstsicher und klar.

Persönliche Erfahrungen
Mit Türkis halten wir uns eher zurück, wenn wir aber gefragt sind, können wir uns mit einer Selbstsicherheit äußern, dass es uns selbst verblüfft. Der Schutz, den wir spüren, lässt uns sicher durch den Alltag gehen. Das »Helfersyndrom«, das wir manchmal an den Tag legen, wird relativiert, so können wir uns besser abgrenzen und auch mal ein klares »Nein« aussprechen.

Die Botschaft des Türkises
Er schenkt Ihnen das Gefühl: Sie sind Ihres Glückes Schmied. Der Stein gibt Ihnen Sicherheit und Schutz vor äußeren Einflüssen. Durch ihn gelangen Sie zu Selbstsicherheit und Klarheit im Ausdruck.

Liebe
Nehmen Sie nichts persönlich, was der Partner auch sagt, leben Sie in dem Wissen, es ist sein eigener Unmut.

Glück
Gehen Sie entspannt und sicher durch die Welt, das Glück ist Ihnen hold.

Erfolg
Klare Aussagen im richtigen Moment bringen Sie ans Ziel.

Gold

Herkunft

Schweiz, Kanada, Australien, USA, Afrika und Russland.

Farbe

Goldgelb bis rötlichgelb.

Überlieferung

Der Name stammt aus dem Indogermanischen, er steht mit *Gelb* und *Glühen* im Zusammenhang, Gold: *gotisch* = *gulth*. Es heißt, dass Gold bei arthritischen und rheumatischen Beschwerden gegeben wurde, ebenso bei Syphilis. Im Ayurveda heißt es, Gold öffne das Dritte Auge.

Fälschungen und Verwechslungen

Manchmal wird Messing als Gold angeboten. Verwechslungen könnte es mit Pyrit oder Chalkopyrit geben. Oftmals wird allerdings im Hinblick auf die Legierungsangaben betrogen. Es kommt vor, dass der eigentlich angegebene Goldanteil in Wirklichkeit geringer ist.

Heil-Wirkungen

◇ Gold steht für Macht, Größe und Reichtum. Es gilt als Symbol der vollkommenen Reinheit. Durch die »männliche« Energie des Edelmetalls stärkt es das eigene Wesen und den Selbstwert. Der Weg ist plötzlich klar zu erkennen.

◇ Gold steht für Stärke und Kompromisslosigkeit. Es lässt unser Handeln dynamisch werden. Die Freude an der Sexualität wird durch Gold belebt. Depressionen, Unzufriedenheit und Trägheit werden ersetzt durch Lust am Leben, Lebendigkeit und Spontaneität.

◇ Sogar bei Todesängsten wird das Metall erfolgreich eingesetzt. Bei Gedanken an Suizid sollte zu Gold gegriffen werden.

◇ Gold kräftigt das Nervensystem und belebt den Kreislauf. Es unterstützt die Drüsentätigkeit. Das Edelmetall erhöht das Wärmegefühl im Körper, somit hilft es im Anfangsstadium von Erkältungen.

◇ Wichtig zu wissen ist es, dass Metalle Gefühle speichern.

Elemente
Feuer.

Astrologie
Waage: Sie will es zu oft allen Recht machen. Gold lässt sie ihren Weg gehen.
Jungfrau: Die spartanische Jungfrau macht sich selbst und anderen eine Freude. Die Nützlichkeit eines Geschenkes steht nicht mehr im Vordergrund, sondern die Schönheit.

Persönliche Erfahrungen
Wir sollten Acht geben, dass die Macht des Goldes nicht in Habgier und Neid umschlägt. Die Motivation zu hinterfragen, weshalb wir etwas wollen, ist wichtig. Gold speichert unsere Gefühle und Gedanken. Eine Freundin von uns trug immer die gleiche Goldkette, ein Geschenk ihres Partners. Als sie sich trennte, verschenkte sie die Kette. Bekam sie aber zurück, mit den Worten: Ich fühle mich wie an »die Kette gelegt«. Dies war auch das Gefühl unserer Freundin in ihrer Partnerschaft.

Die Botschaft des Goldes
Es steht für Selbstbewusstsein, Mut und Stärke. Dynamik im Handeln und Denken ist garantiert, das Leben ist schön und macht Freude.

Liebe
Entdecken Sie die Freude an gemeinsamen Aktivitäten und bringen Sie somit Dynamik in die Partnerschaft.

Glück
Erkennen Sie die Vielfalt und die Schönheit des Lebens. Seien Sie dankbar.

Erfolg
Streben Sie die höchsten Ziele und Werte an!

Gold
Macht ◇ Selbstvertrauen
Durch Gold entdecken wir unsere eigene Größe.

Silber

Herkunft

Europa, Australien, Kanada, USA, Chile, Mexiko und Kasachstan.

Farbe

Silberweiß, metallisch glänzend, wenn es poliert ist. Gediegenes Silber ist hellgrau oder gelblich – braun bis schwarz anlaufend. Silber reflektiert alle Farben unverändert wie ein Spiegel.

Überlieferung

Der Namensursprung des Edelmetalls ist unklar. Im Alt-Germanischen wurde das helle Metall *silabra* genannt, woraus im Mittelhochdeutschen *Silber* entstand. Es wird vermutet, dass der Begriff weiß-glänzend aus dem Griechischen *argyros = weiß-metallisch*, zum Namen beitrug.

Fälschungen und Verwechslungen

Silber, wie es in der Natur vorkommt, ist unverwechselbar.

Heil-Wirkungen

❖ Silber stellt das weibliche Prinzip dar. Es unterstützt und stärkt die rechte Gehirnhälfte. Silber sollte beim Hang zum Schlafwandeln getragen werden. Es entspricht der Mondenergie.

❖ Das Edelmetall lässt uns freundlich auf andere zugehen. Mitmenschen empfinden uns als sanft und umgänglich. Die Entsprechung bei den Steinen ist Mondstein, doch die Energie des Silbers macht uns beredsam.

❖ Silber wird bei Halskrankheiten eingesetzt. Linderung bringt es bei Magen- und Darmbeschwerden. Das Edelmetall dient der Unterstützung zur Fortpflanzung und Stärkung der Geschlechtsorgane.

❖ Anthroposophen schätzen Silber als Heilmittel bei Hysterie, Schizophrenie und Neurosen, zur Anregung des Kreislaufs und Aktivierung der Hirnnerven.

❖ Silber wirkt kühlend und antibakteriell. Auch deswegen wurde Silberbesteck eingeführt. Silber kann kurzfristig auf leichte Brand- und Schürfwunden gelegt werden.

Elemente
Wasser.

Astrologie
Widder: Der Widder, der manchmal mit dem Kopf durch die Wand will, öffnet sich für seine weiche, weibliche Seite.
Löwe: Der Löwe, der gerne im Recht ist, wird durch das Tragen von Silber empfindsam für die Meinungen der anderen. Er lernt, um Hilfe zu bitten.

Persönliche Erfahrungen
Silber unterstützt uns, unsere weibliche Seite auszuleben. Anders als bei Mondstein sind wir klar und unser Verstand ist nicht »umnebelt«. Auf sanfte und sehr diplomatische Art setzen wir unsere Belange durch, sodass sich niemand übergangen fühlt. Auch hier gilt: Gefühle und Gedanken werden vom Edelmetall aufgenommen.

Silber

Offenheit ◇ Annehmen

Silber stellt das weibliche Prinzip dar. Es vermittelt uns Herzlichkeit und Verständnis für andere.

Die Botschaft des Silbers
Silber steht für Hingabe und Annehmen. Es gibt Ihnen Einfühlungsvermögen und eine ruhige und sanfte Art, sich mitzuteilen. Silber vermittelt Herzlichkeit und Verständnis für andere.

Liebe
Schlägt die Liebe auf den Magen oder Darm, entspannen Sie sich. Reden Sie miteinander, üben Sie sich gegenseitig im Hinhören und Wahrnehmen.

Glück
Nicht nur Geben macht glücklich, es muss auch jemand sein, der das Geschenk annimmt. Annehmen soll auch gelernt sein!

Erfolg
Mit Einfühlungsvermögen lässt sich vieles leichter umsetzen.

Kupfer

Herkunft

USA, Kanada, Russland und Afrika.

Farbe

Kupferrot. An der Luft oxidiert es mit Sauerstoff und läuft grünlich an.

Überlieferung

Ältere Bezeichnungen sind vom Namen Erz hergeleitet: altindisch *ayas*, lateinisch *aes*, gotisch *aiz* und althochdeutsch *er*. Dann gab es eine zeitlang die Bezeichnung *Kupfererz = aes cuprum*. Später wurde allgemein nur noch das Wort Kupfer verwendet. In Indien wurden früher Kupferohrringe zum Schutz gegen Ischias getragen.

Fälschungen und Verwechslungen

Verwechslungen und Fälschungen sind auf dem Markt nicht bekannt. Die typische Farbgebung des Kupfers ist nicht zu verwechseln.

Heil-Wirkungen

✧ Kupfer verbindet das weibliche und das männliche Prinzip. Während Gold das »Ich« lebt, ist es bei Kupfer ein »Wir«. Zu der Freude im sexuellen Bereich kommt die Sinnlichkeit hinzu. Es verkörpert Schönheit und Ästhetik. Ein liebevolles Miteinander in der Partnerschaft und im Freundeskreis ist selbstverständlich. Bei Liebeskummer soll Kupfer Trost spenden. Es regt zum Träumen an, und die Vorstellungskraft wird erweitert.

✧ So wird die Kreativität durch dieses Metall gefördert. Der dynamischen Lebenskraft des Goldes weicht eine sanfte Lebensfreude.

✧ Kupfer hat eine ausgleichende Wirkung. Es lindert Schmerzen während der Menstruation und unterstützt die Hormonproduktion. Das Metall wirkt krampflösend und hilfreich bei Krampfadern.

✧ Kupferarmbänder lindern Rheuma und Arthrose und speichern Strahlung jeder Art. Deshalb ist es ratsam, das Armband hin und wieder zu reinigen.

Elemente
Feuer und Wasser.

Astrologie
Krebs: Kupfer hilft dem Krebs, mehr aus sich heraus zu kommen. Die sanfte, jedoch stetige Energie des Metalls bestärkt ihn, seine kreative Seite zu leben.
Schütze: Der aktive Schütze, der immer in Bewegung ist, wird durch Kupfer an das »Wir« erinnert.

Persönliche Erfahrungen
Wir spüren durch das Tragen von Kupfer sofort einen Ausgleich im Körper. Sind wir zu sehr im weiblichen Prinzip, wird das männliche aktiviert und umgekehrt. Wir verbinden das Materielle mit dem Herzen.

Kupfer

Emotion ⋄ Sinnlichkeit
Kupfer gleicht unsere emotionale Waage aus.

Die Botschaft des Kupfers
Es vereint das gebende und nehmende Prinzip. Mit ruhiger Energie führt uns Kupfer durch das Leben.

Liebe
Es gibt keinen Grund, sich zu ärgern oder zu trauern. Bringen Sie sich ins Gleichgewicht. Lernen Sie aus dieser Situation!

Glück
Bedenke, dass die menschlichen Verhältnisse insgesamt unbeständig sind. Dann wirst du im Glück nicht zu fröhlich und im Unglück nicht zu traurig sein. (Sokrates)

Erfolg
Denken Sie nicht in erster Linie ans Geldverdienen. Folgen Sie Ihrem Herzen! Machen Sie aus dem Beruf Ihre Berufung. Der Erfolg ist Ihnen sicher!

Häufig gestellte Fragen (für Edelsteine wie für Metalle)

Wo kaufe ich die Steine?

Kaufen Sie generell im Fachgeschäft mit kompetenter Beratung. Am besten wäre es, in Geschäften zu kaufen, die ihre Steine sporadisch kontrollieren lassen und dies durch das GKS-Siegel (Gemmologisch Geprüfte Steinqualität) belegen können.

Nach welchen Kriterien suche ich den Stein aus?

◇ **Verstand:** Sie lesen sich die Wirkungen durch und entscheiden mit dem Verstand.

◇ **Gefühl:** Schließen Sie die Augen und fahren Sie mit der linken Hand über alle Steine, ohne sie zu berühren. Ergreifen Sie einen Stein. Bei manchen kribbelt die Hand, oder es wird warm oder Sie haben das Gefühl von »jetzt«.

◇ **Visuell:** Schauen Sie sich die Steine an, einer wird Sie von der Farbe oder Form ansprechen.

◇ **Zufall:** Ein Stein wird Ihnen geschenkt.

Kann ich einen falschen Stein für mich kaufen?

Nein! Es kommt vor, dass Körper oder Verstand heftig reagieren, im schlimmsten Fall mit Ablehnung. Dies ist meistens eine Schutzfunktion des Körpers, nicht an alten Mustern rütteln zu wollen.

Ist die Intensität der Farbe oder die Größe wichtig für die Wirkung?

Nein! Der Stein muss sich für Sie richtig anfühlen, Ihr Gefühl entscheidet.

Ist die Form eines Steins wichtig?

Nein! Es bleibt Ihnen überlassen, ob Sie einen Trommelstein als Handschmeichler oder am Lederband zum Tragen oder vielleicht ein Rohstück wählen. Manchen ist eine geschliffene Form am liebsten.

Kann es Nebenwirkungen geben?

Nein! Selbst dann nicht, wenn Sie mehrere Steine tragen. Aber Steine können vom Vorgänger oder der Umgebung negativ aufgeladen sein (z.B. Elektro-Smog). Also stets reinigen am Abend.

Wie reinige ich meinen Stein?

✧ **Salz:** Nehmen Sie eine Schüssel mit Salz (normales Haushaltssalz). In das Salz drücken Sie eine zweite, kleinere Schüssel, in der die Steine über Nacht liegen, am besten bei abnehmendem Mond.

✧ **Hämatit:** Nehmen Sie einen flachen Teller und schütten Sie kleine Hämatit - Steine darauf. Ihren Stein zum Entladen legen Sie einfach darauf und lassen Sie den Teller bei abnehmendem Mond über Nacht stehen.

✧ **Wasser:** Zwischendurch reicht es, den Stein unter fließendem Wasser abzuspülen.

Wie lade ich den Stein auf?

✧ **Amethyst:** Legen Sie den Stein auf ein Amethyst-Rohstück. Die Zeit spielt keine Rolle. Das gilt für alle Steine.

✧ **Mond:** Bei zunehmenden Mond oder Vollmond sollten Sie den Stein für eine Nacht oder zwei Nächte auf die Fensterbank legen.

✧ **Kombination von Amethyst & Mond:** Beide aktivieren die dem Stein entsprechende Energie.

Verändern sich die Steine im Aussehen?

Rosenquarz kann z. B. heller werden oder Steine bekommen Risse oder werden matt. Wenn sich das Aussehen des Steins durch Reinigen und Aufladen nicht verbessert, dann sollten Sie den Stein der Erde zurückgeben.

Dürfen andere meine Steine berühren?

Solange Sie nichts dagegen haben, ist es kein Problem.

Darf ich Steine verleihen?

Selbstverständlich! Reinigen Sie die Steine, wenn Sie diese zurückbekommen und laden Sie die Steine neu auf.

Muss ich daran glauben, dass der Stein wirkt?

Nein! Die Steine haben eine Ausstrahlung, leider ist diese für die meisten

Menschen nicht sichtbar, aber Sie können lernen, sie zu erfühlen. Es ist vergleichbar mit der Laune, die jemand ausstrahlt. Sie sehen sie nicht, können sie aber spüren, sobald derjenige den Raum betritt.

Wie lange soll ich den Stein tragen?

Hören Sie auf Ihr Gefühl, manchmal kann auch eine Pause eingelegt werden. Ein sicheres Zeichen ist es, wenn Sie den Stein vergessen umzuhängen. Dann ist es an der Zeit, den Stein zu wechseln oder eine Zeit lang keinen zu tragen.

Trage ich den Stein auch nachts?

Beim Feueropal haben wir Ihnen empfohlen, den Stein nachts nicht zu verwenden. Grundsätzlich bleibt es Ihnen überlassen, ob Sie es angenehm finden, den Edelstein mit ins Bett zu nehmen.

Bildquellennachweis

Achat: www.fotolia.com/Dmitry Knorre – www.fotolia.com/Erick Nguyen (Hintergrund) • **Amethyst:** www.fotolia.com/jonnysek (Rohstein) – www.fotolia.com/yblaz (geschliffener Stein) – www.fotolia.com/Bocos Benedict (Hintergrund) • **Aquamarin:** Hermann Betken – www.fotolia.com/PaulPaladin (Hintergrund) • **Aventurin:** Hermann Betken – www.fotolia.com/Bocos Benedict (Hintergrund) • **Bergkristall:** www.fotolia.com/Oswald Kunstmann (Rohstein) – Hermann Betken (Kristallkugel) – www.fotolia.com/PaulPaladin (Hintergrund) • **Bernstein:** www.fotolia.com/Jaroslaw Grudzinski (Anhänger) – www.fotolia.com/Anette Linnea Rasmussen (Stein) – www.fotolia.com/ANK (Hintergrund) • **Calcit:** www.fotolia.com/Gabriele Rohde (Rohstein) – www.pixelio.de/Edith Ochs - Florentine (Kugel) – www.fotolia.com/Gagarin (Hintergrund) • **Chalcedon:** Hermann Betken – www.fotolia.com/Erick Nguyen (Hintergrund) • **Citrin:** Hermann Betken – www.fotolia.com/Gagarin (Hintergrund) • **Diamant:** www.digitalstock.de/J. Hose (geschliffene Steine) – Hermann Betken (Rohsteine) – www.fotolia.com/Gagarin (Hintergrund) • **Dolomit:** Hermann Betken – www.fotolia.com/Erick Nguyen (Hintergrund) • **Dumortierit:** Hermann Betken – www.fotolia.com/Gagarin (Hintergrund) • **Feueropal:** www.fotolia.com/Edith Ochs – www.fotolia.com/PaulPaladin (Hintergrund) • **Fluorit:** www.digitalstock.de/K. Engelhardt (Rohstein) – Hermann Betken (Kette) – www.fotolia.com/Erick Nguyen (Hintergrund) • **Granat:** www.digitalstock.de/M. Dietrich (Ring) – www.fotolia.com/Edith Ochs (Rohstein) – www.fotolia.com/PaulPaladin (Hintergrund) • **Heliotrop:** Hermann Betken – www.fotolia.com/Peggy Reppert (Hintergrund) • **Jadeit:** www.fotolia.com/Feng Yu – www.fotolia.com/Peggy Reppert (Hintergrund) • **Jaspis:** www.fotolia.com/Yvonne Baumann (Rohstein) – www.fotolia.com/letmeh (Kette) – www.fotolia.com/ANK (Hintergrund) • **Karneol:** Hermann Betken – www.fotolia.com/PaulPaladin (Hintergrund) • **Lapislazuli:** www.digitalstock.de/G. Slabihoud – www.fotolia.com/Peggy Reppert (Hintergrund) • **Mondstein:** Hermann Betken – www.fotolia.com/ANK (Hintergrund) • **Peridot:** Hermann Betken – www.fotolia.com/Peggy Reppert (Hintergrund) • **Perle:** www.photocase.de/dieKleine – www.fotolia.com/ Gagarin(Hintergrund) • **Prasem:** Hermann Betken – www.fotolia.com/PaulPaladin (Hintergrund) • **Rauchquarz:** www.digitalstock.de/R. Kittenberger – www.fotolia.com/ANK (Hintergrund) • **Rhodochrosit:** www.fotolia.com/Edith Ochs – www.fotolia.com/Peggy Reppert (Hintergrund) • **Rhodonit:** www.fotolia.com/Edith Ochs (polierte Platte) – Hermann Betken (Trommelstein) – www.fotolia.com/Gagarin (Hintergrund) • **Rosenquarz:** www.fotolia.com/Internet-Fotograf – www.fotolia.com/Erick Nguyen (Hintergrund) • **Rubin:** www.fotolia.com/www.pixeltrap.de (geschliffener Stein) – Hermann Betken (Rohstein und Kettenanhänger) – www.fotolia.com/PaulPaladin (Hintergrund) • **Saphir:** www.fotolia.com/slide2436 – Hermann Betken (Sternensaphir) – www.fotolia.com/PaulPaladin (Hintergrund) • **Smaragd:** www.fotolia.com/Angela Köhler (Rohstein und Kettenanhänger) – www.fotolia.com/Bocos Benedict (Hintergrund) • **Tigerauge:** www.fotolia.com/Ron Mitchell – www.fotolia.com/Gagarin (Hintergrund) • **Türkis:** www.fotolia.com/Kalle Kolodziej (Kettenanhänger) – www.fotolia.com/HillelK (Steine) – www.fotolia.com/Erick Nguyen (Hintergrund) • **Gold:** www.fotolia.com/choucashoot – www.fotolia.com/Gagarin (Hintergrund) • **Silber:** www.fotolia.com/Geckly (Ringe) – www.photocase.de/deborre (Kugel) – www.fotolia.com/ANK (Hintergrund) • **Kupfer:** www.digitalstock.de/T. Ott – www.fotolia.com/Gagarin (Hintergrund).

Literatur von Ingrid Kraaz von Rohr

Farbtherapie – Das Basiswissen und praktische Anwendung, Nymphenburger 2. Auflage 2006
Farbtherapie aus der vegetarischen Küche – Gute Laune kann man essen. Nymphenburger,
   2. erweiterte Auflage 2007/2008.
Der Original Heilblüten-Farbkarten-Test, ein Test, um die verdeckten Emotionen zu entdecken
   und aufzulösen. AGMüller-Urania, CH, seit 1992
Meine Kraftfarben finden, Welche Farbe stärkt mich? Welche Farbe fehlt mir?
   AGMüller-Urania, CH, 2006
Die Heilkräuter Karten – Teerezepte, Essenzen und Tinkturen für Beschwerden von A-Z.
   78 Karten, AGMüller CH, seit 1993
Farbkarten-Orakel – Meine tägliche Farbe – ganz einfach. 31 Karten zur Stärkung der
   Persönlichkeit für jeden Tag, Königsfurt-Urania 2008
Kraft und Magie der Farben, Handbuch der Kraftfarben. Allegria 2008
Think Pink – positiv denken und leben mit Rosa, mit Farbtests. Nymphenburger 2005
Wege zum richtigen Pendeln, eine praxisbezogene Anleitung mit Übungskarten und Pendel
   in einem Set. AGMüller-Urania, CH, 3. Auflage 2003
Wenn die Umwelt krank macht, Vorsorge und Selbsthilfe durch Naturheilkunde.
   Knaur MensSana 2005
Die richtige Schwingung heilt, das Praxisbuch für Bachblüten, Schüßlersalze, Farben und
   homöopathische Notfalltherapie. Erweiterte und aktualisierte Auflage, Goldmann Arkana 2007
Farb-Energie-Set, Farbuntersetzer zum Aufladen für Flüssigkeiten mit der jeweiligen
   Farbfrequenz, Eigenverlag 1994, Wrage-Versandbuchhandlung Hamburg
Die Farben deiner Seele, ein praktisches Handbuch mit 12-Farben-Test. Erweiterte und erneuerte
   Auflage, Stb Verlag, 2007
Praktischer Leitfaden Feng Shui, Gestalten sie die richtige Umgebung für Gesundheit,
   Wohlbefinden und Erfolg. Nymphenburger 1995
*CD: Innere Stärkung der weiblichen Kraft – eine Entspannungsreise durch die Chakren
   mit Farbzuordnung,* mit Chaitanya Deuter und Jack Löffler. Wrage-Versandbuchhandlung

Weitere Literaturhinweise
Hofmann, Helmut G.: *Edelstein-Tarot.* Königsfurt Urania 1996
Gienger, Michael: alle seiner Titel. Neue Erde, verschiedene Ausgaben
Newerla, Barbara: *Sterne und Steine.* Neue Erde, verschiedene Ausgaben
Sharamon, Shalila, und Bodo J. Baginski: *Edelsteine und Sternzeichen.* Windpferd, 32. Aufl. 2000